J. WEYMULLER

10/-

Chrétiens

DU MÊME AUTEUR

chez le même éditeur

LA CLÔTURE, 2002

chez d'autres éditeurs

JOURNAL DE GAND AUX ALÉOUTIENNES, Jean-Claude Lattès, 1982, Payot, 1995

L'OR DU SCAPHANDRIER, Jean-Claude Lattès, 1983

VU SUR LA MER, Bueb & Reumaux, 1986

LA LIGNE DE FRONT, Quai Voltaire, 1988, Payot, 1992 (Prix Albert Londres 1988)

LA FRONTIERE BELGE, Jean-Claude Lattès, 1989, L'Escampette, 2001

CYRILLE ET MÉTHODE, Gallimard, 1994

JOSÉPHINE, Gallimard, 1994

ZONES, Gallimard, 1995, coll. « Folio », 1997

L'ORGANISATION, Gallimard, 1996, coll. « Folio », 1999 (Prix Médicis 1996)

C'ÉTAIT JUSTE CINQ HEURES DU SOIR, avec Jean-Christian Bourcart, Le Point du jour, 1998

TRAVERSES, NIL, 1999

CAMPAGNES, Gallimard, 2000

Jean Rolin

Chrétiens

P.O.L
33, rue Saint-André-des-Arts, Paris 6e

ISBN : 2-86744-971-5

www.pol-editeur.fr

Parfois, on remarque un certain laisser-aller dans l'application du couvre-feu : des gens sortent sur le pas de leur porte, échangent quelques mots avec les voisins, puis se glissent jusqu'à l'épicerie du coin dont les volets de fer s'entrouvrent pour les accueillir. Les rues les plus abritées de la vieille ville, autour du marché, présentent une animation presque normale. Même sur les grands axes, des taxis jaunes et d'autres véhicules se hasardent, certains arborant des pavillons dérogatoires dont quelques-uns – par exemple celui du Saint-Siège – sont de pure fantaisie. En cas de rencontre avec une patrouille israélienne, de telles infractions aux règles du couvre-feu, même par une journée ordinaire, peuvent entraîner la confiscation du permis de conduire, des clefs du véhicule ou de celui-ci tout entier. Toute tentative de se soustraire à un contrôle expose évidemment le contrevenant à des risques beaucoup plus graves. Et puis d'autres jours, parce que des affrontements ou des arrestations ont eu lieu dans les heures précédentes, parce que c'est le jour du prêche, ou l'anniversaire du Hamas, ou celui de telle autre formation politico-militaire palestinienne, ou bien sans raison, au moins de votre point de vue, sinon du leur, il arrive que le couvre-feu soit appliqué dans toute sa rigueur. À certains signes, on peut reconnaître, ou du moins présumer, que le couvre-feu sera plus ou moins strict : si les véhicules de l'armée ou de la police israélienne, équipés de haut-parleurs et d'avertisseurs sonores très puissants, commencent dès avant l'aube à haranguer les habitants pour leur enjoindre de rester chez eux, la journée s'annonce mal. Et de même si, par la suite, les véhicules militaires ou policiers renouvellent à de nombreuses reprises leurs patrouilles sur les grands axes, en particulier la route d'Hébron ou la rue de la Crèche. Il arrive aussi que la journée se présente bien et ne tienne pas ses promesses : ainsi quand une levée du couvre-feu, annoncée la veille au soir, est annulée dans la nuit ; ou quand une telle levée, qui normalement s'étend de 8 heures à 16 heures, est écourtée brutalement, sans préavis. De toutes les épreuves qu'inflige aux habitants de Bethléem le régime du couvre-feu, son rétablissement inopiné, en milieu de journée, est sans doute la plus débilitante, parce que de tels à-coups ruinent leurs efforts pour maintenir envers et contre tout un certain niveau d'activité.

Ce jour-là, le lundi 9 décembre 2002, on pressent dès le début de la matinée que le couvre-feu sera rigoureusement appliqué. Le bruit court que des arrestations ont eu lieu à Bethléem la nuit dernière, et aussi que « l'armée aurait tiré au canon à Beit Sahour », ce qui ne peut être qu'une galéjade. Mais les galéjades font partie du tableau, surtout dans la mesure où beaucoup de gens sont disposés à les prendre pour argent comptant. Au milieu de la matinée, la place de la Nativité est déserte, balayée par un vent froid, son revêtement scarifié par les chenilles des véhicules blindés de transport de troupes. Même les gamins qui habituellement traînent dans le coin à longueur de journée, nerveux et hâbleurs, armés de frondes ou de bouteilles vides, attendant qu'un véhicule israélien se présente pour lancer au jugé quelques projectiles et s'enfuir à toutes jambes, laissant à d'autres qu'eux le soin de payer les pots cassés, même les gamins, en ce lundi 9 décembre, sont invisibles. On ne voit de vivant que des chats errants, mais alors en grand nombre, certains occupés à dévorer des ordures éparses, d'autres à mettre en perce des sacs-poubelles.

Moins les rues sont animées, plus on sent peser sur soi le regard des martyrs dont les portraits vous tiennent compagnie tout au long de la traversée de la vieille ville, affichés sur les murs ou les volets de fer des boutiques. Il y en a de toutes sortes, des hommes pour la plupart mais aussi quelques femmes, des jeunes et des vieux, des barbus et des glabres, des civils et des combattants, ces derniers ayant posé pour la photographie avec leurs armes. Certains ont des visages menaçants, qui inspirent la crainte, d'autres, y compris parmi les combattants, ressemblent à des premiers communiants. À force de croiser leurs regards, comme dans d'autres parties du monde ceux des stars ou des figurants de la publicité, on développe inévitablement de l'aversion pour certains et pour d'autres de la sympathie. Au début du mois de décembre, le plus remarquable et le plus omniprésent des martyrs est un type âgé peut-être d'une quarantaine d'années, sans doute de grande taille, à en juger par sa carrure, avec un visage de révolutionnaire mexicain, large et plat, sombre, barré par une très longue moustache. Les affiches se détachent sur fond de graffitis noirs, rouges ou verts, émanant de différentes formations politico-militaires palestiniennes, le vert passant pour être la couleur du Hamas ou du Djihad islamique, le noir celle du Fatah, le rouge celle de groupes classés plus à gauche. À Bethléem et dans les villes voisines de Beit Sahour et de Beit Jala, on observe également, sur les murs, beaucoup de faucilles et de marteaux, témoins de l'obstination d'un courant de pensée désormais marginal, mais qui jadis permettait aux mécréants, et singulièrement aux chrétiens, d'affirmer leur radicalisme dans un cadre non confessionnel où leur tare originelle n'était que faiblement ressentie.

Au confluent de la rue Paul-VI – que personne, à ma connaissance, n'appelle ainsi – et de la rue Farahiyeh, sur la place triangulaire formée par leur rencontre, une odeur de pain frais émane de la boulangerie des salésiens : si rigoureux que soit le couvre-feu, celle-ci débite imperturbablement ses pains ronds, réputés les meilleurs de Bethléem, et dont quelques centaines sont distribuées gratuitement, chaque matin, à des familles dûment enregistrées comme nécessiteuses. Plus large, désormais, la rue Paul-VI amorce bientôt sa descente vers ce grand carrefour, à l'intersection de la route d'Hébron, qui est en temps normal l'un des plus animés de la ville, et sous couvre-feu l'un des plus déplaisants à franchir. La largeur et le tracé rectiligne de la route d'Hébron, menant d'un barrage israélien à un autre, en font l'un des axes les plus régulièrement empruntés par les véhicules de patrouille, et l'un de ceux où les piétons sont le plus visibles. En amont de ce carrefour, depuis l'intersection de Paul-VI et de Gamal-Abdel-Nasser, on découvre en contrebas, sur la droite, les bâtiments de l'hôpital de la Sainte-Famille, devant lequel il est fréquent que stationnent de petits blindés, puis la large chaussée de la route d'Hébron, divisée en son milieu par un terre-plein, et de l'autre côté l'amorce de cette interminable rue qui mène en droite ligne à Beit Jala. Chrétienne et orthodoxe, au moins pour la très grande majorité de ses habitants, Beit Jala s'étage sur les pentes d'une colline, face à une autre colline un peu plus élevée dont la sépare un ravin, et au sommet de laquelle s'alignent les immeubles, neufs ou récents, marquant le bord externe de la colonie juive de Gilo. Avant que les Israéliens ne réoccupent Bethléem, en mars 2002, il était fréquent que des combattants palestiniens ouvrent le feu, depuis Beit Jala, sur Gilo, attirant en retour des tirs souvent exécutés par des chars ou des hélicoptères. Au passage, il convient de noter que les maisons visées par ces tirs de représailles étaient en général habitées par des chrétiens, que les combattants, eux, ne l'étaient pas, du moins pour la plupart, et qu'ils avaient omis de consulter les riverains avant d'exposer leurs demeures à une destruction à peu près inéluctable.

Le vent a fraîchi, il souffle maintenant en rafales qui animent d'une vie brève et furieuse les déchets dont le sol est jonché. Un grand emballage de carton, aplati, se redresse, reprend sa forme parallélépipédique et traverse en trombe la rue Paul-VI avant de s'affaisser à nouveau. Autrement, rien, pas une âme qui vive, et si loin que l'on puisse voir de part et d'autre du carrefour, pas le moindre véhicule en mouvement sur la route d'Hébron. Enjambant celle-ci, sur la droite, une arche métallique supporte deux panneaux publicitaires représentant une chambre à coucher et un séjour, équipés l'un et l'autre d'un mobilier que l'on devine lourd et malcommode. L'ensemble paraît avoir été conçu pour des ogres. En cette matinée du 9 décembre, il faut faire un effort pour imaginer que ce carrefour puisse offrir en d'autres circonstances un emplacement publicitaire recherché. Une fois franchie la route d'Hébron, la longue rue droite qui mène à Beit Jala plonge tout d'abord vers le fond d'un ravin avant de remonter sur le versant opposé, avec une égale impétuosité, et cette particularité du relief fait que les objets qui se déplacent sur cette artère, ou qui la bordent, apparaissent de loin comme vus au téléobjectif. À de longs intervalles, un véhicule l'emprunte à vive allure. De part et d'autre, les bâtiments – un immeuble de l'UNWRA (l'organisme des Nations unies en charge des réfugiés), un hôpital, un hôtel vide et fermé… – alternent avec les friches : chantiers laissés en plan, terrains vagues et prairies à moutons jonchés de cailloux, lambeaux de vergers ou d'oliveraies envahis par les déchets domestiques, profondes excavations creusées dans la roche claire. Sans doute ces excavations, parfois considérables, étaient-elles destinées à accueillir les fondations d'immeubles qui jamais ne sortiront de terre. Ou peut-être plus tard, une fois la paix revenue, autant dire Dieu sait quand. Ce paysage composite illustre la manière dont se sont développées la ville de Bethléem et ses deux voisines, Beit Jala et Beit Sahour, au jour le jour, sans aucun plan décelable, tendant à se rejoindre et englobant dans leur expansion des pans mal résorbés d'espace rural. Dans la partie ascendante de cette rue – à laquelle les cartes libellées en anglais se contentent de donner le nom de « Main Street » – elle est bordée sur la droite par une usine de taille de pierre, Atlas Marble, aujourd'hui réduite au silence, mais très bruyante, et environnée d'une fine poussière, quand les circonstances le permettent. Des immeubles donnant sur la rue, en approchant de la place qui marque l'entrée du bourg, s'écoulent de balcon en balcon, puis sur le trottoir, de longs filets d'eau mêlée de produits d'entretien, sans qu'aucune ménagère soit visible. À l'entrée de Beit Jala on entend tout de même pétarader le moteur d'une bétonnière, tandis que s'élève la voix d'un gamin vendant à la criée des pains ronds.

Après mon entretien avec le directeur du séminaire latin de Beit Jala – le seul établissement de ce genre en Palestine –, je suis redescendu vers Bethléem à pied, comme j'étais venu, et par le même chemin. Au lieu d'avoir Bethléem dans mon dos, j'avais désormais la ville en face de moi. Le vent soufflait toujours assez fort pour maintenir en l'air quantité de poussières et de sacs en plastique. « Main Street », la rue droite et doublement pentue, était un peu plus animée que tout à l'heure : à mi-chemin entre le séminaire et l'intersection de la route d'Hébron, là où la pente s'inversait, on apercevait sur la gauche une bétonnière en activité et quelques ouvriers s'affairant tout autour. Au retour, je faisais route avec un jésuite rencontré dans la cour de récréation du séminaire, où il enseignait plusieurs disciplines apparentées à la philosophie. Le jésuite était vêtu d'une parka sombre et embarrassé de deux grands sacs dont je lui offris sans succès de porter la moitié. Rentrant de voyage, il était arrivé de Jérusalem en taxi, au milieu de la nuit précédente, s'était fait refouler au barrage permanent établi par l'armée israélienne sur la route d'Hébron, en amont de la tombe de Rachel, avait dû contourner toute l'agglomération pour s'introduire à pied dans Beit Jala par l'un des points de passage situés sur les hauteurs de cette ville et non gardés, ou gardés par intermittence, cette négligence sporadique de l'occupant permettant à quelques piétons audacieux de s'affranchir, à leurs risques et périls, des contraintes du couvre-feu. Puis toujours à pied, et dans l'obscurité, il avait traîné sa lourde valise depuis les hauteurs de Beit Jala jusqu'à son domicile, situé à Bethléem dans le voisinage de l'université. Une telle audace forçait l'admiration, même si, d'un autre côté, on pouvait se demander pourquoi il n'avait pas eu la patience d'attendre au moins le lever du jour, toute rencontre fortuite avec une patrouille israélienne étant évidemment beaucoup plus dangereuse de nuit. En chemin, nous devisions, le jésuite et moi, et je remarquai sans surprise que mon projet d'écrire quelque chose sur les chrétiens de Palestine éveillait chez lui beaucoup plus de méfiance que de sympathie. Mine de rien, il me demanda par exemple si j'avais lu Valognes ou Peroncel-Hugoz, deux auteurs contemporains qui ont en commun une vision assez pessimiste de la condition des chrétiens en terre d'islam. En admettant les avoir lus, et en omettant de stigmatiser ce pessimisme, je me trahissais comme un mauvais sujet. Cet aveu fit que la conversation prit un tour languissant. Un peu plus tôt, il en était allé de même avec le père Maroun, le directeur du séminaire, lorsque j'avais abordé, avec beaucoup de précautions, cependant, cette question si délicate des relations avec l'islam. Le père Maroun m'avait surpris, tout de même, en professant que les chrétiens de Palestine étaient « de culture musulmane », ou que « le dialogue islamo-chrétien le plus sérieux, le plus profond », était celui qu'il entretenait avec le Hamas. Un groupe auquel il ne semblait pas avoir grand-chose à reprocher, les attentats eux-mêmes n'étant qu'une conséquence apparemment inéluctable, et donc échappant à tout jugement, de l'oppression subie par les Palestiniens. À propos des familles chrétiennes dont les maisons avaient été détruites, à la périphérie de Beit Jala, par suite des échanges de tirs avec la colonie juive de Gilo, le père Maroun, qui avait hébergé plusieurs de ces familles dans les locaux du séminaire et y gardait encore le mobilier de quelques-unes, s'étendait volontiers sur leur désarroi, tel que certaines avaient décidé de s'expatrier, mais il se refusait à envisager, même si peu que ce soit, la responsabilité des combattants qui avaient réquisitionné leurs maisons de vive force pour les utiliser comme positions de tir. Et de même il écartait toute suggestion que la volonté de pousser les chrétiens vers la sortie entre pour une part, même minime, dans le choix de telles positions, ou que les familles victimes de ce choix puissent en éprouver la moindre amertume contre les francs-tireurs, sinon, bien entendu, contre les Israéliens dont la riposte disproportionnée avait réduit leurs maisons en cendres. Quant à moi, je peux certifier que cette magnanimité sacrificielle n'était aucunement partagée par celle de ces familles avec laquelle j'aurai l'occasion de m'entretenir par la suite, même si, malheureusement, la crainte de l'exposer à des représailles, et par surcroît au désaveu de son Église, seule force susceptible de la protéger, m'interdit d'identifier cette famille ou même de citer plus précisément son témoignage.

Ainsi cheminions-nous, le jésuite et moi, lui appesanti de ses deux besaces, moi les mains libres, au milieu des sacs en plastique volants et des sifflantes poussières, tandis que dans le ciel de gros nuages porteurs de pluie se déplaçaient rapidement d'ouest en est, et que sur la route, par bonheur, aucune patrouille israélienne ne se montrait. Nous avions franchi sans encombre la route d'Hébron, de nouveau, laissant cette fois sur la gauche le portique supportant les deux publicités pour du mobilier lourd et malcommode à l'usage éventuel des ogres. À cette occasion, je remarquai que le carrefour, en plus de ces empreintes de blindés qui marquent assez uniformément le macadam de toutes les villes palestiniennes, présentait des traces déjà anciennes d'affrontements, poteaux métalliques tordus ou murs noircis par le feu. Au fur et à mesure que nous approchions de sa destination, le jésuite devenait de plus en plus pensif, ou taciturne, et cette froideur m'affectait d'autant plus que je le connaissais d'autre part, au moins de réputation, comme un homme remarquable, ayant fait le choix, près de trente ans auparavant, d'embrasser sans réserve la cause de ce pays et de ce peuple. Et je n'écris pas cela par politesse ou dans le dessein d'écarter de ma tête le courroux de l'Église, de toute manière inéluctable. Soudainement, alors que, remontant la rue Paul-VI, nous venions d'atteindre son intersection avec la rue de l'Université, une plaque de tôle ondulée, arrachée d'un toit par la tempête, s'abattit à nos pieds dans un bruit de tonnerre et le jésuite l'enjamba distraitement, sans dévier de sa route, sans un mot de commentaire pour un incident si notable. Quant à moi, les mains dans les poches, tandis qu'il tenait toujours ses deux sacs à bout de bras, je me sentais de plus en plus insignifiant, de plus en plus déplacé, à ses côtés aussi bien que dans cette ville, voire dans ce pays tout entier, où nul ne m'avait demandé de venir m'enquérir du sort des chrétiens, seul, sans mandat, empiétant ainsi sur les prérogatives de l'Église ou des sacro-saintes ONG. Bien qu'il ne m'y eût pas invité, je suivis le jésuite jusque chez lui. C'était une petite maison assez jolie, ou peut-être seulement quelques pièces de cette maison, précédée d'un bout de jardin, sur les hauteurs couronnées par les bâtiments de l'université. À l'intérieur, je remarquai près de son ordinateur deux reproductions de Cézanne et je tentai d'en tirer parti pour relancer la conversation, pensant qu'un goût commun pour l'œuvre de ce peintre pourrait nous rapprocher, mais ça ne prit pas. Tandis qu'il se débarrassait de ses deux sacs, je jetai un œil sur les livres disposés en devanture de sa bibliothèque, sans doute ceux qu'il avait consultés le plus récemment, avec le sentiment prononcé de me livrer de nouveau à une indiscrétion. Il n'y avait que de bons auteurs : Baudrillard, Foucault, Léon Bloy, Claudel ou Faulkner, parmi ceux que j'eus le temps d'apercevoir. Avant de me pousser vers la porte – lui-même devait ressortir pour faire des courses –, le jésuite m'offrit un bonbon, dans un geste que l'on pouvait interpréter comme amical ou comme condescendant, et qui n'était peut-être que l'expression d'une certaine gêne. Dans la rue, au pied du Star Hotel – fermé comme tous les établissements de ce genre à Bethléem, mais en état de rouvrir si les circonstances le permettaient –, alors que nous étions sur le point de nous séparer, et sans avoir formé le projet de nous revoir, il revint assez brusquement sur le sujet de mon enquête pour en faire ressortir la vanité, sinon pour m'enjoindre explicitement d'y renoncer. Curieusement, s'agissant d'un prêtre, il soutint qu'il était « aussi absurde de distinguer les Palestiniens par leur religion que par leur groupe sanguin », et que « personne ici ne comprendrait que j'opère une telle distinction ». C'était non seulement, en la réduisant à un tel niveau de contingence, faire peu de cas de la doctrine à laquelle lui-même avait consacré toute sa vie, mais aussi présumer beaucoup de ce que les gens d'ici comprenaient ou ne comprenaient pas. Outre qu'une proposition de ce genre ne peut qu'exacerber, chez celui qui se pose des questions, le sentiment qu'on veut lui cacher quelque chose. Afin de disqualifier par avance les témoignages que je pourrais malgré tout recueillir et qui s'écarteraient de la ligne qu'il venait de tracer, il ajouta que seuls se prêteraient à ma démarche des esprits chagrins, des râleurs, des mesquins, de ceux qui ne sont jamais contents. Puis, devant l'hôtel Star, il disparut à l'intérieur d'une boutique dont les volets de fer s'étaient entrouverts pour le laisser passer, et ce fut la dernière image que j'emportai du jésuite.

L'armée israélienne s'était retirée de Bethléem au mois d'août. Le 22 novembre 2002, au lendemain d'un attentat suicide ayant entraîné la mort de onze personnes à Jérusalem, et dont l'auteur était originaire de Bethléem, cette dernière ville était occupée de nouveau. Le lundi 2 décembre, vers une heure de l'après-midi, venant de Jérusalem, j'étais arrivé à Bethléem à la faveur d'une levée provisoire du couvre-feu. Je m'étais installé chez les sœurs franciscaines de Marie, dont le couvent est situé rue de la Grotte-du-Lait, à deux pas de l'église de la Nativité, cette dernière jouxtant l'église Sainte-Catherine et le monastère franciscain dont elle dépend. Quelques mois plus tôt, en avril, ces trois lieux, qui d'une certaine manière n'en font qu'un, s'étaient trouvés au centre d'un épisode particulièrement dramatique, lorsque l'armée israélienne en avait fait le siège, durant cinq semaines et demie, afin d'obtenir la reddition d'un groupe de combattants palestiniens qui s'y étaient retranchés avec leurs armes. Cet épisode avait également fait ressortir l'ambiguïté des relations islamo-chrétiennes en Palestine, même si cet aspect n'en avait été que rarement et timidement souligné. Le jardin des franciscaines offrant une vue remarquable sur le versant oriental de l'ensemble formé par les deux églises et le monastère franciscain – auquel il convient d'ajouter les monastères orthodoxe et arménien, aux effectifs plus réduits –, il avait été occupé par les militaires israéliens pendant toute la durée du siège, de même que les bâtiments du couvent, ou une partie de ces derniers. Autrement, les franciscaines avaient été soumises au même régime que le reste de la population de Bethléem, c'est-à-dire assignées chez elles à résidence jusqu'à la conclusion de cet épisode. À ces rigueurs générales s'ajoutait pour elles une privation supplémentaire, celle de la messe à laquelle elles assistent en temps ordinaire chaque matin dans l'église Sainte-Catherine. Le jour où je pris pension chez elles, les religieuses étaient au nombre de six : outre la supérieure, qui est maltaise d'origine, on compte parmi elles deux Palestiniennes, une Turque, une Espagnole et une Française. À l'exception de la supérieure, toutes sont âgées, la doyenne étant la sœur turque, qui est née en 1909 et a eu l'occasion d'assister dans sa treizième année à la destruction de Smyrne, incendiée et mise à sac par les troupes de Mustafa Kemal. En dépit de son grand âge, la sœur d'origine turque, Marie-Thérèse, a non seulement toute sa tête mais un esprit délié, alerte et non dénué d'humour. Elle se souvient parfaitement de l'incendie de Smyrne. En revanche, elle ne peut plus guère se déplacer sans cette espèce de balcon portatif, à roulettes, que l'on désigne comme un déambulateur. Toutes les six m'ont accueilli avec une égale gentillesse, en dépit de ma mécréance, que d'ailleurs je n'affichais pas mais que je ne m'efforçais pas non plus de dissimuler. Toutefois c'est avec la sœur française, Marie-Paule, qu'assez logiquement, somme toute, je me suis le plus souvent entretenu et le plus lié. Tantôt c'était elle et tantôt la supérieure, Maria, qui disposait la nourriture à mon intention sur la table du réfectoire des pèlerins. À l'exception de quelques jours pendant la semaine de Noël, je fus tout au long du mois de décembre le seul usager de ce réfectoire, comme d'ailleurs de l'hôtellerie. Parfois je croisais pendant la journée l'une ou l'autre des sœurs, mais je ne les voyais toutes ensemble que le soir, dans leur petit salon, à l'occasion du journal télévisé de TV5. Bien que ce ne soit pas l'usage, dans ce contexte, de professer des opinions trop tranchées, j'observai que souvent Marie-Paule réagissait comme moi aux événements du monde, et c'est aussi ce qui nous a liés. Puis j'allais prendre place, seul, devant mon dîner servi dans le réfectoire des pèlerins, entendant les sœurs réciter le bénédicité, converser et parfois rire dans le leur, éloigné seulement de quelques mètres. Le premier soir, je me souviens de les avoir entendues s'esclaffer à propos d'un reportage télévisé concernant la reproduction des tortues. Quant à moi, je me serais volontiers esclaffé avec elles, mais je comprenais bien, d'autre part, qu'il s'agissait d'un couvent et qu'il convenait par conséquent de maintenir une certaine distance entre la communauté et un hôte de passage.

Après dîner, invariablement, je montais fumer une cigarette ou deux sur le toit-terrasse du couvent d'où se découvrait à moi la vue suivante : à l'ouest, et donc sur ma gauche, dans la mesure où je m'orientais le plus souvent vers le nord, la masse sombre des deux églises et des monastères illuminée à rebours par les projecteurs installés sur la place de la Nativité. Masse sombre au-dessus de laquelle se détache la silhouette du minaret de la mosquée d'Omar soulignée par un liseré de néon vert. Au nord-ouest, faisant face à Beit Jala, la ligne de crête couronnée par les immeubles de Gilo, que dominent deux hautes grues de chantier sommées de feux de position. Tout le secteur nord de ce panorama baigne dans un halo de lumière rouge orangé émanant de l'agglomération de Jérusalem, elle-même invisible de ce point. Quand le ciel est chargé de nuages bas se dirigeant vers l'est, ce qui est fréquent en cette saison, la réverbération de ce halo sur la couche nuageuse en mouvement engendre des effets lumineux très spectaculaires, parfois même apocalyptiques, comme si se mettait en place le décor du Jugement dernier. À mes pieds, le jardin du couvent étagé sur plusieurs niveaux et plongé dans l'obscurité, la silhouette de quelques grands pins, au-delà tout le versant nord-est de la ville, également étagé et également obscur, drainé par deux longues et sinueuses artères, elles-mêmes faiblement éclairées, à moins que le passage d'une ambulance ou d'un convoi de véhicules israéliens n'y allume de brefs éclats de gyrophares. En face, à deux kilomètres, peut-être, de distance, sur une butte dont elle occupe le sommet, la colonie juive de Har Homa, flottant dans une lumière jaune qui fait ressortir l'aspect militaire de ses blocs de logements assez grossièrement équarris. La nuit, Har Homa, brillante et environnée de ténèbres, séparée de Bethléem par une frontière déjà matérialisée par différents obstacles et que les Israéliens s'efforcent de rendre infranchissable, apparaît aussi comme une station orbitale de dimensions fantastiques (de jour, ce qui frappe le plus, dans le spectacle de Har Homa comme dans celui d'autres lieux situés sur le versant opposé de la frontière, c'est toute l'activité qui s'y déploie – flux d'automobiles, engins de chantier en mouvement –, tandis que de ce côté règnent le silence et l'immobilité induits par le couvre-feu). Vers l'est, la vue sur Beit Sahour, en contrebas, et au-delà sur les collines du désert de Judée, est masquée par une tour, inachevée, construite sous les auspices de l'Église orthodoxe de Russie. Cette tour inachevée – mais déjà visible de partout –, sans doute destinée à héberger dans l'avenir des pèlerins russes, est une hérésie architecturale de premier ordre, un désastre mineur qui se fond, sans soulever d'objections, dans le désastre général. Dans la journée, quelques ouvriers font de la figuration sur le chantier – déplaçant ici une planche, là quelques parpaings –, apparemment plus soucieux de préserver l'état des choses que de le transformer. La nuit, le décor est livré aux chiens, deux ou trois, pas bien méchants, dont un chiot assujetti à une corde trop courte dans laquelle il se prend les pieds, et qui hurle parfois longuement à la lune ou après sa mère. Peut-être ces chiens, plutôt que le chantier, gardent-ils en fait les cinq Mercedes noires, toutes du même modèle, neuves et dépourvues d'immatriculation, parquées au pied de la tour, en plein air, sur un terre-plein peu visible de l'extérieur. La rumeur insinue qu'elles appartiennent à Yasser Arafat et que l'Église russe les aurait prises sous sa protection afin de se faire bien voir de ce dernier. Chaque matin, au lever du jour, leurs carrosseries sont tout humides de rosée, dont l'évaporation entraîne à la longue la formation d'un mince dépôt qui, inexorablement, ternit l'éclat de la peinture émaillée.

À la lumière du jour, on voit que le jardin du couvent, orienté au nord et disposé en terrasses, s'étage sur quatre niveaux qui tendent à se rejoindre d'est en ouest. Les sœurs étant âgées, et les contraintes du couvre-feu, conjuguées peut-être au déclin de leurs ressources, les privant du concours régulier d'un jardinier, seul le niveau supérieur du jardin – celui qui est de plain-pied avec l'entrée du couvent – fait l'objet d'un entretien attentif, les autres étant laissés dans un relatif abandon. À l'ouest, là où le dénivelé est le moins important, leur terrain confine à celui du monastère orthodoxe attenant à l'église de la Nativité. Guidé par un homme qui s'adresse à lui avec douceur, un petit cheval, ou peut-être un mulet, attelé à une charrue d'une simplicité archéologique, trace sur ce terrain exigu des sillons nécessairement très courts, cette circonstance le contraignant à d'incessantes volte-face. La précision de ces mouvements minuscules et répétitifs, réglés d'une voix douce, mettant en œuvre des objets d'une taille inférieure aux normes – petit cheval, petite charrue –, donne une impression d'artifice aussi complet que si l'ensemble était animé par le mécanisme d'une boîte à musique.

Bien que le jardin des sœurs comporte normalement deux issues, au nord et au sud, seule est aujourd'hui accessible celle du sud, qui donne dans la rue de la Grotte-du-Lait. Celle-ci est bordée de hauts murs, au-dessus desquels pointent ici et là des cyprès, et son revêtement dallé témoigne des efforts entrepris à la fin du XXe siècle pour faire de Bethléem une ville touristique, avec ce qu'un tel choix implique aussi d'asepsie et de monotonie, toutes les villes orientées vers le tourisme d'art et d'histoire, où que ce soit dans le monde, tendant à présenter à la longue le même aspect. Tous ces efforts, à Bethléem, ont été ruinés par la reprise du conflit, qui a vidé les hôtels existants et interrompu la construction de beaucoup d'autres, laissant la ville pleine de trous et de bâtiments inachevés ou vacants, telle cette gigantesque gare routière, grise et nue, dont les piliers de béton présentent encore quelques affiches célébrant la visite de Jean-Paul II. Rue de la Grotte-du-Lait, c'est le mobilier urbain qui a souffert, en particulier les lampadaires, arrachés par le passage des chars quand ils se sont déployés autour de l'église occupée.

Au sujet de cet épisode, je me doutais que je n'obtiendrais aucun éclaircissement auprès des franciscains qui en ont été les témoins les plus proches, mais je ne soupçonnais pas à quel point la version autorisée, celle du patriarcat latin de Jérusalem, s'était imposée à tous les habitants de la ville en dépit de ses lacunes ou de ses invraisemblances. Le frère Ibrahim – celui des franciscains qui fut le plus engagé dans les négociations ayant conduit finalement à la levée du siège – n'ayant jamais pu ou voulu me rencontrer, je me suis entretenu tout d'abord avec le père Amjad, qui est aussi le curé de la paroisse, puis avec un frère français auquel le précédent m'avait adressé. Ces deux entretiens se déroulent dès le lendemain de mon arrivée à Bethléem. Lors du premier, je remarque que le père

Amjad fume en abondance (des blondes légères), comme moi-même et comme beaucoup de Palestiniens. Rares sont ici les lieux où personne ne fume, les médecins eux-mêmes, et leurs malades, fumant dans les cours et les couloirs des hôpitaux, les prêtres et leurs fidèles sur le parvis des églises. En voyant le père Amjad écraser une cigarette, il me revient qu'un peu plus tôt, dans le jardin des sœurs, au pied d'un muret de pierres dont la position offrait en même temps une protection convenable contre des tirs adverses et une vue dégagée sur la façade orientale des deux églises, j'ai découvert un petit amas de mégots et d'étuis de munitions, attestant qu'un soldat israélien, sans doute un tireur d'élite, avait occupé cet emplacement et y avait attendu pendant des heures, ou plus vraisemblablement, au moins par roulements, pendant des semaines, en fait aussi longtemps qu'avait duré le siège. À l'occasion de cette découverte, pensif devant le petit amas, je m'étais demandé comment les non-fumeurs faisaient pour supporter l'attente, les longs moments où il n'y a rien à faire et peut-être pas grand-chose à espérer.

Quant au père Amjad, il parle savamment de son activité pastorale et de ses paroissiens, des difficultés de tous et de la misère de certains, de leur tentation d'émigrer et de l'aide multiforme que l'Église leur apporte afin de les détourner de cette issue, mais il ne veut rien dire du siège de la Nativité, se retranchant derrière son incompétence supposée et m'adressant à un interlocuteur plus qualifié. L'entretien avec ce dernier, le frère français, se déroule dans une espèce de vestibule dallé de marbre, me semble-t-il, où il fait très frais. Le frère français m'informe que c'est ici, à défaut d'un lieu plus propice, qu'a été conservé le premier mort du siège, au moins pendant quelques jours, après quoi il aurait été transféré dans une chapelle (la résistance de ce corps à la putréfaction aurait été tenue par certains pour miraculeuse). Sa relation des faits ne s'écarte guère de la version patriarcale, au point qu'il désigne les francs-tireurs palestiniens retranchés dans la basilique comme des « ouailles », auxquelles l'église se devait par conséquent d'accorder sa protection, même si, par la suite, il lui échappe quelques détails qui nuancent un peu cette vision. Ainsi sur les circonstances de leur irruption, apparemment assez brutale, sur le pillage de la vaisselle et des réserves de vivres du monastère – à l'exception du vin et de la bière –, sur la transformation, à vrai dire inévitable, du cloître en toilettes publiques, ou sur la précaution prise par les franciscains de tenir aussi éloignées que possible de ces ouailles les quelques religieuses qui étaient présentes dans le monastère au moment de son occupation.

Le jour marquant la fin du Ramadan, dix Palestiniens ont été tués par l'armée israélienne à Gaza. Par la suite, chacun attend l'attentat suicide que le Hamas, ou peut-être un autre groupe, devrait commettre en représailles. À Bethléem, comme chaque jour en ce début du mois de décembre, la ville est réveillée par le premier appel à la prière lancé vers 4 heures et demie, avec une puissance qui interdit de s'y soustraire, et une persévérance qui ôte presque tout espoir de se rendormir par la suite. Conformément à une tactique en vigueur dans tout le monde musulman, comme je l'ai éprouvé au printemps dernier en Turquie, et singulièrement à Konya, chaque mosquée lance son appel avec un décalage plus ou moins long par rapport à la précédente, ce qui multiplie la durée de cette émission. Ce matin, hébété, dans un demi-sommeil, il m'a semblé que des enregistrements d'acclamations venaient s'intercaler dans le texte sacré, et il est indéniable que celui-ci se prolongeait par d'inhabituels développements, vraisemblablement des versets du Coran, interprétés d'une voix à la fois tonitruante et par instants presque miaulante de suavité. Un peu plus tard, les cloches des couvents ont pris le relais, puis les haut-parleurs israéliens, des véhicules militaires parcourant la ville à plusieurs reprises pour enjoindre à ses habitants de rester chez eux (injonction ponctuée de signaux sonores particulièrement – et sans doute délibérément – exaspérants, dont certains évoquent des sortes de coassements démesurément amplifiés). Puis cette cacophonie a pris fin et le silence s'est appesanti sur la ville. Dans la matinée, je suis sorti pour me rendre sur la place de la Nativité, avec le projet assez modeste de m'asseoir quelque temps sur la banquette de pierre qui s'étend de part et d'autre de la porte de l'église, cette porte si petite que les nouveaux venus peinent pour la trouver, et si basse que même un homme de taille médiocre ne peut la franchir que plié en deux (petitesse et bassesse ajustées à l'idée que les Mamelouks, maîtres de la Palestine à l'époque où elle fut percée, se faisaient de la condition des chrétiens, et qui contrastent avec les vastes proportions du porche constantinien d'origine, dont le dessin est encore clairement lisible sur la façade). Mais à peine suis-je assis sur cette banquette, d'où l'on peut habituellement vérifier qu'il ne se passe rien sur la place, excepté quelques mouvements d'oiseaux ou de chats errants, à peine ai-je eu le temps d'éprouver, sous mes fesses, la fraîcheur de la pierre, légèrement moussue par endroits, que surgissent de sous les arcades où ils s'étaient abrités les gamins lanceurs de pierres et de bouteilles vides, une quinzaine, sautant et se bousculant autour de moi, excités comme à l'accoutumée et peut-être même plus qu'à l'accoutumée. Leurs démonstrations ne sont ni amicales ni encore véritablement agressives, mais d'une exubérance qui ne demande qu'à mal tourner, si par exemple l'un d'entre eux – celui qui me brandit son majeur sous le nez, ou celui qui me colle un pistolet en plastique sur la tempe, ou encore celui qui se racle la gorge en prévision d'un glaviot – s'avisait de me désigner aux autres comme un croisé. Oui, il me semble que ce pourrait être une bonne idée, pour célébrer ce grand jour, de se faire un croisé. D'autant que, même s'ils ne peuvent lire dans mes pensées, il faut reconnaître que les dernières, au sujet de la porte et des Mamelouks, étaient un peu déplacées. Puis leur attention est détournée par l'arrivée d'un petit groupe de pèlerins passés entre les mailles du couvre-feu, accompagnés de prêtres en soutane et de plusieurs caméras de télévision. À cet instant, je remarque que l'ombre du couvent arménien recouvre toute la partie dallée de l'esplanade, s'étendant exactement jusqu'à la clôture ajourée de l'Orient Palace.

« La première fois que les soldats sont venus chez moi, c'était il y a une semaine. La nuit dernière, ils sont revenus vers 4 heures du matin. Ils étaient une trentaine [cela paraît beaucoup, mais c'est le chiffre qu'elle cite]. Ils cherchaient mon mari. J'ai dit que j'étais seule avec mes quatre enfants. "Non, votre mari est dans la maison, dis-lui de sortir immédiatement !" [Lorsqu'elle rapporte les propos des soldats, elle passe ainsi du vouvoiement au tutoiement, parfois dans la même phrase, peut-être simplement parce qu'elle s'exprime en français, c'est-à-dire dans une langue étrangère.] Je leur ai répondu qu'il travaillait la nuit à l'église des syriens, qu'il aidait le prêtre... Ils m'ont dit de l'appeler sur son portable. J'ai répondu qu'il n'en avait pas. Ils ne m'ont pas cru. "Si vous voulez, entrez dans la maison et cherchez." Ils voulaient que je sorte avec mes quatre enfants. Je leur ai dit : "Je m'excuse, mes enfants sont trop petits, ils ne peuvent pas sortir [les deux plus jeunes sont âgés de trois ans, l'aîné de huit]. – Qu'est-ce qu'il fait, ton mari, pendant la nuit ? Il couche avec des femmes, ou il tire sur Gilo ? – Ni l'un ni l'autre. Qui vous a dit que mon mari tirait sur Gilo ? Il est marié, il a des enfants, et il va tirer sur Gilo ? On est chrétiens, on veut la paix avec les Israéliens. – Vous voulez qu'on tue votre mari ? – Qu'a-t-il fait pour que vous vouliez le tuer ?" Ils criaient, certains voulaient me frapper. Entre-temps, dix d'entre eux étaient entrés dans la maison, ils ont cherché partout, les enfants pleuraient. En repartant, ils m'ont dit que si mon mari ne se présentait pas chez eux de lui-même, ils le tueraient directement s'ils le trouvaient. La même nuit, dans mon quartier, ils ont emmené deux personnes. Dieu voit tout. Il nous protège. Mais qu'est-ce qu'on peut faire ? Il n'y a rien à faire. »

La scène se déroule dans un minibus appartenant à l'hôpital de la Sainte-Famille et faisant route vers celui-ci, sous la protection d'un éclatant pavillon de l'ordre de Malte. En chemin, le minibus embarque quelques ouvriers que l'hôpital emploie à des travaux de maintenance. Les ouvriers sont chrétiens. Quand on leur demande comment ça se passe pour eux, l'un d'eux répond en se marrant : « Comme pour la vache qui rit ! » Puis il précise : « Comme entre deux tranches de pain, ou entre le marteau et l'enclume. » Un autre ajoute : « Tout le monde se moque de nous, les musulmans comme les juifs. » « Sans l'aide de l'Église, commente la religieuse qui tient le volant, tous les chrétiens seraient déjà partis. » Quant à Alice-Mirza, la jeune femme dont le domicile a été perquisitionné à deux reprises cette semaine, elle habite Beit Jala et travaille dans les services administratifs de l'hôpital. Son mari, dont on ignore pourquoi il est activement recherché par les Israéliens, occupait un emploi de gardien au casino de Jéricho jusqu'à ce que la reprise de l'Intifada entraîne la fermeture de cet établissement. Comme la plupart, et peut-être même la totalité, des chrétiens palestiniens, elle a une partie de sa famille – la plus nombreuse – à l'étranger : ses parents, ses oncles et tantes et quatre de ses sept frères sont installés depuis plusieurs années à Miami.

Le docteur a lui aussi un fils, un unique fils, qui a commencé ses études à Oxford et les a poursuivies aux États-Unis, où il enseigne depuis trois ans et d'où il n'a aucune intention de revenir. Sa fille, en revanche, après des études en France, est revenue à Bethléem et s'y est mariée. « Beaucoup d'amis de mon âge, dit le docteur, ont des enfants qui sont partis faire des études à l'étranger et qui ne reviendront pas. Même ma génération, je ne sais pas si elle restera jusqu'au bout. » Contrairement à d'autres observateurs, qui estiment que seule la proportion de chrétiens diminue en Palestine, leur nombre demeurant à peu près constant, lui-même pense que sous l'effet de l'émigration il s'en perd près d'un millier par an, sur les 45 000 ou 50 000 que compteraient encore la Cisjordanie, Jérusalem-Est et la bande de Gaza. Près de la moitié se répartit entre Bethléem, où ils ne représenteraient plus aujourd'hui que 15 % de la population – il s'agit d'une estimation particulièrement basse –, et les villes voisines de Beit Jala et Beit Sahour, où leur proportion s'élèverait à 80 %. Parmi les causes de ce déclin, le docteur incrimine la « situation générale », celle qui, pour tous les Palestiniens, résulte du naufrage du processus de paix, mais aussi « la différence de mentalité entre la majorité et la minorité, qui ne cesse de s'accroître », au point que « la cohabitation risque de devenir impossible ». À l'inverse du père Maroun – le directeur du séminaire latin de Beit Jala –, le docteur admet que les chrétiens « aspirent à un mode de vie plus ou moins occidental » et que lui-même a « beaucoup de mal avec cette majorité musulmane de plus en plus fondamentaliste ». « Je vois des confrères, des amis de trente ans, qui pensaient comme moi, qui envisageaient de la même façon l'avenir de leurs enfants, avec lesquels je n'ai désormais plus rien en commun. » « Il n'y a pas encore de persécutions, ajoute-t-il, mais quand on entend les prêches du vendredi, dans lesquels les chrétiens sont tous mis dans le même sac et assimilés à l'Amérique… »

Bien entendu, le franc-parler du docteur doit être mis en relation avec sa position sociale élevée, et avec la liberté de circulation que lui assure sa double nationalité. Dans le même établissement, d'autres médecins tiennent des propos plus mesurés, soit qu'ils aient effectivement une perception différente des contradictions de la société palestinienne, soit qu'ils estiment plus prudent, ou plus convenable, de taire ces contradictions ou de les minimiser. « Dans la souffrance, dit l'un d'eux, il n'y a pas de différence entre chrétiens et musulmans », ajoutant que s'il existe des fanatiques, parmi les musulmans, « c'est à cause de la situation dramatique des Palestiniens », et que « si cette situation s'améliorait, les comportements extrémistes disparaîtraient ». Mais si vigoureusement qu'ils affirment cette unité des Palestiniens, par-delà les clivages religieux – quitte à se refuser, pour certains, et probablement contre leur conscience, à condamner explicitement les attentats suicides –, ce n'est jamais au point d'oublier que quoi qu'ils puissent faire et quoi qu'ils puissent dire, eux chrétiens, ou ne pas faire et ne pas dire, il se trouvera toujours des musulmans pour les accuser d'avoir partie liée avec l'ennemi. La crainte de donner prise à de telles accusations, obsédante, les amène à refuser non seulement tout traitement privilégié, de la part de l'occupant israélien, mais parfois tout traitement égal qui pourrait être stigmatisé comme privilégié. Elle les amène aussi à se disculper inlassablement de fautes qu'ils n'ont pas commises mais qui leur sont néanmoins reprochées. « Le 15 août », dit un des médecins, à l'occasion de la fête de la Vierge, qui traditionnellement donne lieu à une procession de Bethléem à Jérusalem, « le bruit a couru que les Israéliens avaient ouvert les check-points pour les chrétiens. En fait, ils ne les ont jamais ouverts, mais le fait nous a tout de même été reproché ». Un autre signale que dans son service, des infirmières musulmanes, deux semaines à l'avance, reprochent déjà à leurs collègues chrétiennes les éventuelles mesures d'assouplissement du couvre-feu que les autorités israéliennes pourraient prendre à l'occasion des fêtes de Noël. Le médecin en vient à se demander s'il ne vaudrait pas mieux, pour les chrétiens, que le couvre-feu ne soit pas levé. Sans doute de tels reproches et de tels scrupules ont-ils pesé, parmi d'autres considérations, sur la décision que prendra un peu plus tard le patriarcat d'annuler cette année toutes les réjouissances traditionnellement associées à cette célébration.

Pendant que se déroulait cet entretien, l'armée israélienne a déployé quelques véhicules blindés à l'intersection de la rue Paul-VI et de la route d'Hébron, non loin de l'entrée principale de l'hôpital. De temps à autre, on entend des explosions de grenades offensives ou lacrymogènes, et le bruit que font les engins blindés en manœuvrant, en particulier quand leurs chenilles écrasent des objets métalliques ou les traînent sur la chaussée. Sorti par une porte dérobée, qui permet de rejoindre la rue Paul-VI en amont de ces turbulences, j'aperçois en contrebas quelques pneus et quelques poubelles enflammés d'où se dégage une abondante fumée noire, et dans la fumée quelques gamins, très clairsemés, jouant au chat et à la souris avec les blindés.

Un peu plus haut, dans la traversée de la vieille ville, la rue est déserte sous le regard des martyrs, et localement jonchée d'ordures domestiques parmi lesquelles des chats font le tri de ce qui est comestible.

Quand, après s'être plié en deux pour passer la porte, on entre dans l'église de la Nativité, on est tout d'abord agréablement surpris de la trouver vide, vide de bancs, de prie-Dieu et de tout ornement, à l'exception de fresques à demi effacées, présentant un sol nu et dallé, simplement divisée par quatre rangs de colonnes assez massives et brunies. La lumière qui vient des fenêtres hautes orientées au sud projette le dessin de celles-ci sur le sol ou sur le mur opposé. C'est là que, après la levée du siège, les quelques privilégiés qui purent y pénétrer découvrirent les reliefs du camping sauvage des assiégés, reliefs assez substantiels, semble-t-il, pour écarter toute idée de famine, contrairement à ce qui avait été dit, ou plutôt seriné, auparavant. Cette vacuité de la nef est une heureuse conséquence de la division entre les Églises, qui pendant plusieurs siècles se sont disputé ce sanctuaire avec férocité. Ici et là, dans la nef ou dans le transept, plusieurs portes permettent de communiquer avec les monastères arménien et orthodoxe, situés au sud, ou avec le cloître du couvent franciscain et l'église catholique Sainte-Catherine, situés au nord. Si la nef est neutralisée, le chœur appartient à l'église orthodoxe, une petite chapelle, dans la branche nord du transept, étant réservée à l'église arménienne. La grotte de la Nativité est située sous le chœur, et on y accède par deux escaliers de quelques marches disposés de part et d'autre de celui-ci. En règle générale, au moins durant la semaine, l'église n'est accessible au public que pendant les périodes de levée du couvre-feu. Elle redevient alors un lieu de recueillement mais aussi de promenade, notamment pour les gamins lanceurs de pierres momentanément désœuvrés. Dans le chœur, sous de grands sacs en plastique jaune qui pendent du plafond et contiennent vraisemblablement des lustres neufs, un moine orthodoxe, assis, barbu, coiffé d'une toque noire et cylindrique, papote sans se gêner dans son portable. Un fou silencieux, mais cependant très agité, se fait quant à lui reconduire sans brutalité vers la porte. Des fidèles, souvent si jeunes qu'il n'est pas facile de les distinguer des lanceurs de pierres, sinon qu'ils sont moins bruyants, plus recueillis, introduisent leurs mains dans un trou percé au flanc d'une des colonnes, quelles que soient les vertus de ce trou et les origines de sa vocation propitiatoire. D'autres allument de petits cierges jaunes, minces comme des crayons, les plus fervents s'abîment en prières dans la grotte, ou s'y prosternent pour baiser l'étoile qui marque – ou qui est supposée marquer – l'emplacement exact de la Nativité.

Sitôt que le couvre-feu est levé – et parfois même avant qu'il ne soit levé –, quelques pèlerins, voire quelques touristes, s'engouffrent dans la brèche pour venir visiter l'église de la Nativité, et leur présence, même en nombre infime, entraîne le déploiement sur le parvis d'un nombre sensiblement plus élevé de vendeurs de souvenirs. Invariablement, ces souvenirs sont de deux sortes : des chapelets, eu égard à la piété supposée des visiteurs, et des keffiehs, cette pièce de vêtement investie d'une telle valeur symbolique que, durant la première Intifada, il suffisait normalement aux journalistes étrangers d'en déployer une sur le tableau de bord de leur voiture pour éviter de se faire caillasser. Bien qu'ils fassent commerce de chapelets, ces marchands de souvenirs sont pour la plupart musulmans, soit qu'ils aient occupé un créneau que les chrétiens avaient laissé vacant, soit qu'ils aient évincé ces derniers, comme cela s'est produit à Jérusalem avec les boutiques de souvenirs pieux proches du Saint Sépulcre, ou du moins avec beaucoup d'entre elles.

Jihad est un de ces ambulants que la levée du couvre-feu ramène invariablement sur le parvis, un bras chargé de keffiehs et l'autre de chapelets. À moins qu'il ne se précipite, avec sa voiture – une vieille Mercedes bleu lavande dont la porte avant droite ne peut se fermer que de l'extérieur – sur la route d'Hébron, pour proposer ses services aux visiteurs qui viennent de franchir le barrage permanent établi par l'armée israélienne en amont de la tombe de Rachel.

C'est un homme de taille moyenne et de gabarit également modeste, âgé peut-être d'une trentaine d'années, avec le regard triste et des cheveux noirs soigneusement peignés en arrière. À proprement parler, peut-être son regard est-il moins triste que pensif, cette impression de tristesse étant due, plutôt qu'à une disposition profonde de son être, à ses yeux ronds et à l'inflexion déclinante de sa moustache. Toujours est-il que si le Proche-Orient était peuplé principalement de types dans son genre, tous les conflits qui agitent cette partie du monde seraient apaisés depuis longtemps.

La première fois que j'étais monté dedans, la vieille Mercedes bleu lavande était garée déjà sur la place de la Nativité, malgré le couvre-feu. Jihad s'était levé de son siège pour fermer la portière avant droite, puis nous avions roulé à vive allure – ou plutôt à l'allure convenable pour ne pas se faire repérer, et surtout pour éviter d'apparaître, le cas échéant, comme tentant de se soustraire à un contrôle – à travers la ville semi-déserte, Jihad me désignant au passage quelques hauts lieux – le complexe administratif de l'Autorité détruit quelques mois auparavant par des avions israéliens, et qui présente désormais, sur plusieurs hectares, l'aspect caractéristique des ruines de béton résultant d'un bombardement aérien « intelligent », les différents niveaux des bâtiments aplatis les uns sur les autres, en sorte de millefeuille, assez proprement et sans trop d'éclats ; plus loin le camp de réfugiés de Dheisheh, le plus grand et le plus peuplé des trois que compte Bethléem, et au-dessus la carcasse vide et colossale d'un hôtel Méridien inachevé – et commentant ce spectacle de désolation avec beaucoup de sagesse et d'humanité. Ayant une dent contre l'Amérique, Jihad s'obstinait à désigner les chasseurs-bombardiers israéliens qui avaient aplati les bâtiments de l'Autorité, des F16, comme des « avions américains », ce qu'ils sont effectivement à l'origine. Mais j'observais qu'à l'inverse de beaucoup de gens, dans ce pays, musulmans ou chrétiens, il n'incriminait jamais « les juifs » en général, ni même les Israéliens dans leur ensemble, et qu'il fondait par exemple sur les travaillistes des espoirs électoraux qui devaient malheureusement être déçus par la suite. Plus tard, nous nous étions arrêtés, à Beit Jala, au pied d'une maison détruite par l'armée israélienne en riposte à des tirs dirigés contre Gilo : une villa opulente, de style turco-libanais, sans doute la plus visible depuis le versant opposé du ravin, et donc depuis la colonie juive, à l'intention de laquelle quelqu'un avait écrit « Sharon Dog » sur le mur lui faisant face. En contrebas, séparée de nous par une pente aménagée en terrasses, celles-ci plantées d'oliviers laissés à l'abandon, la route israélienne n° 60, au sortir d'un tunnel, franchissait le ravin sur un pont avant de plonger de l'autre côté sous un nouveau tunnel. Toute la partie à découvert de la route, à l'est, était protégée par des plaques de béton destinées à dissimuler les voitures à la vue d'éventuels tireurs. Au bout de quelques jours seulement de couvre-feu, pour ce qui me concernait, la fluidité et la rapidité de la circulation, sur ce bref segment de la route n° 60, me donnait déjà le vertige, par comparaison avec les difficultés innombrables auxquelles se heurtait de ce côté-ci le moindre déplacement. Comme on était encore dans le mois de Ramadan, Jihad s'abstenait de fumer, mais il m'avait expliqué qu'il n'était devenu croyant, ou pratiquant, ou les deux (ce n'était pas bien clair), que du jour où il avait commencé à se préoccuper de l'avenir de ses filles, et de la nécessité, de ce point de vue, de présenter de sa famille une image aussi convenable que possible. Par la suite, après m'avoir entretenu des habituelles balançoires sur l'entente indéfectible entre musulmans et chrétiens, Jihad admettra sa préférence personnelle pour les cercles où on ne mélange pas la politique et la religion. Puis, petit à petit, il conviendra de son ancienne sympathie pour les communistes – jadis assez puissants dans ce secteur, et particulièrement, semble-t-il, à Beit Jala –, et il ajoutera, en contradiction avec ce qu'il avait affirmé tout d'abord, que les réunions de cette obédience étaient les seules circonstances dans lesquelles toute différence, et toute défiance, était abolie entre musulmans et chrétiens. De ce qui précède, il ressort que Jihad peut être défini, avec prudence, comme un musulman laïque un peu communiste sur les bords.

La levée du couvre-feu se traduit par une reprise instantanée de toutes les activités rendues impraticables par celui-ci, y compris les mariages ou les enterrements, avec d'autant plus de fébrilité qu'il ne s'agit que d'une mesure provisoire, limitée à huit heures dans le meilleur des cas, c'est-à-dire si les Israéliens ne décident pas entre-temps de le rétablir. Tôt le matin, les rues sont envahies par des nuées de mômes et d'adolescents se hâtant vers les établissements d'enseignement, dont les plus recherchés sont à Bethléem ceux qu'animent des communautés religieuses. Rue de la Grotte-du-Lait, l'épicerie d'Abou Johnny ouvre largement ses volets de fer – qui souvent restent entrouverts, dans la journée, pendant les périodes de couvre-feu –, et de même la boutique de souvenirs située juste en face, tenue par un vieux monsieur que ses goûts vestimentaires, sa casquette, son sonotone, et jusqu'à l'accent rocailleux avec lequel il s'exprime en français, apparentent à un épicier lozérien des années soixante. Le marchand de souvenirs, auquel son épouse tient compagnie, n'ouvre sa boutique que pour l'aérer, comme il dit, tant est faible la probabilité qu'un touriste se présente aujourd'hui pour acheter une crèche en bois d'olivier ou un hologramme du Golgotha. À la rigueur, une carte postale. Sans illusion, ils se tiennent l'un et l'autre dans la pénombre, emmitouflés, les pieds devant un petit radiateur à résistance électrique auprès duquel Abou Johnny, ayant confié la caisse enregistreuse de l'épicerie à sa femme ou à l'un de ses fils, vient les rejoindre de temps à autre.

Place de la Nativité, outre l'église elle-même, la mairie est ouverte, et aussi la poste, ou le Centre de la Paix, mais c'est devant le guichet de la Western Union qu'on se presse le plus, à égalité peut-être avec la mosquée d'Omar et loin devant le distributeur automatique de billets de l'Arab Bank. Partout en ville, la reprise de l'activité entraîne des embouteillages non seulement d'automobiles, mais de piétons, et cette affluence permet aussi d'observer qu'à Bethléem les femmes sont désormais voilées – ou du moins vêtues de robes-manteaux et coiffées de fichus – dans leur grande majorité. À Beit Jala, en revanche – avec Beit Sahour l'une des deux villes de Palestine où la prépondérance chrétienne est encore aussi nette, et peut-être la seule où l'enseigne d'une boucherie soit enluminée d'un petit cochon –, la plupart des filles vont tête nue et vêtues à l'occidentale, cette liberté d'allure induisant par endroits une douceur et une nonchalance presque balnéaires. Au volant de sa Mercedes bleu lavande, Jihad apprécie et commente avec animation le spectacle qu'elles offrent, même s'il est vraisemblable qu'il l'envisage aussi comme un signe de dépravation. Après avoir fait le plein d'essence – de l'essence pourrie, avec des grumeaux – dans une station-service à la sortie sud de Bethléem, non loin du prochain barrage israélien dans cette direction, nous sommes repartis vers le nord, jusqu'à cette intersection de la route d'Hébron et de la rue Paul-VI qui marque approximativement le centre du territoire à l'intérieur duquel sont confinés les habitants des trois villes (au niveau du carrefour, un grand type sans uniforme, mais non sans sifflet, s'efforce de régler la circulation, cette prérogative étant apparemment la dernière qu'exerce à Bethléem la police de l'Autorité). Puis nous nous sommes engagés dans Main Street, la longue rue rectiligne qui mène au centre de Beit Jala, nous avons traversé la petite ville et laissé sur la droite, à la sortie, le quartier aux villas détruites, nous avons encore progressé d'environ un kilomètre vers l'ouest, dans les collines, sur une route peu fréquentée et bordée par endroits d'immeubles vides, jusqu'à ce que nous nous heurtions à un nouveau barrage israélien devant lequel nous avons dû faire demi-tour. À ce niveau, du côté gauche en redescendant vers Beit Jala, la route surplombe un amphithéâtre très régulier, assez majestueux, de terrasses plantées d'oliviers, au pied duquel on voit la route n° 60 sortir de terre, avec toutes ses automobiles, puis franchir quelques centaines de mètres à découvert avant de replonger sous la colline de Gilo.

De retour à Beit Jala, sur Main Street, dans la salle du café Aroma dont nous étions à cet instant les seuls clients, Jihad m'a raconté comment quelques jours auparavant il avait fêté sous couvre-feu la fin du Ramadan, chez lui, en buvant avec un ami la moitié d'une bouteille de whisky. Mais tandis qu'auparavant l'alcool le « rendait joyeux », il n'avait éprouvé cette fois que de l'anxiété, et par la suite un violent mal de tête. « Regarde, nous habitons Bethléem, l'endroit le plus sacré du monde, et nous vivons comme des hors-la-loi, comme des dealers... Nous sortons de chez nous, le matin, sans savoir si nous rentrerons le soir. »

Quelques instants avant le rétablissement du couvre-feu, Jihad a insisté pour se rendre séance tenante dans une boucherie afin d'y acheter de la viande de mouton. La boucherie Al Amana est située au nord de Bethléem sur la route d'Hébron, à deux pas de la tombe de Rachel, en pleine vue de la position israélienne établie dans l'enceinte de celle-ci. Si l'on se tient sur le pas de la porte – tandis qu'à l'intérieur les employés de la boucherie Al Amana, tout de blanc vêtus, continuent comme si de rien n'était à jouer de la feuille et du tranchoir –, on est si proche de cette position, et des hautes plaques de béton qui la protègent, que l'on se sent comme à poil sous le regard d'invisibles soldats. Quand Jihad sort enfin de la boucherie, chargé de paquets ensanglantés, l'heure de rétablissement du couvre-feu est passée de quelques minutes. La rue de la Crèche est déserte (un peu plus tôt, elle était encombrée comme pour un retour de week-end). Place de la Nativité, où la disparition des véhicules qui la recouvraient tout à l'heure fait ressortir, comme une trame, les traces de blindés, il ne reste plus qu'une voiture, une toute petite, sa vitre arrière étoilée d'un autocollant « No Fear », qui démarre en toute hâte, emportant une famille composée d'un homme adulte, d'une jeune femme voilée et de trois enfants mâles. Mais à peine a-t-elle roulé quelques mètres qu'il s'avère que le pneu arrière droit est crevé. Le père sort, suivi de ses trois fils dont le plus jeune brandit une réplique de Kalachnikov dangereusement bien imitée. À tout hasard, il engueule la jeune femme restée à l'intérieur du véhicule, bien qu'elle soit manifestement étrangère aux déboires de celui-ci. Puis il ouvre le coffre, s'empare du cric et de la roue de secours, et, assisté de son fils aîné, change la roue crevée avec une remarquable célérité. Après quoi la petite voiture disparaît dans la descente qui de la place de la Nativité mène à la rue Wadi-Maali.

Rue de la Grotte-du-Lait, le marchand de souvenirs et son épouse sont en train de tirer les volets de fer de leur boutique. « Vite, vite ! lance le marchand de souvenirs, Finie la promenade ! Maintenant, aller à la maison ! Dormir ! »

Souvent je m'emmerdais. Je tournais en rond dans ma chambre en attendant que le ciel, d'une manière ou d'une autre, s'éclaircisse. Les sœurs m'avaient procuré un petit radiateur électrique devant lequel, à l'instar du marchand de souvenirs, je pouvais me chauffer les pieds toute la journée, si je le souhaitais. N'ayant jamais envisagé de me trouver à ce point désœuvré, en quittant Jérusalem je n'avais emporté que très peu de livres, et je m'efforçais de faire durer le plus longtemps possible le dernier, un roman de Jane Austen dont cependant il me tardait de connaître le dénouement. Si je décidais malgré tout d'aller me promener pendant les heures de couvre-feu, prêt à user de mon passeport étranger comme d'un sauf-conduit, à peine étais-je sorti du couvent des franciscaines qu'il me fallait affronter la horde des gamins. Invariablement, ils me collaient aux basques, parfois pour quémander de la monnaie, ou des bonbons, parfois pour me proposer, par gestes, de provoquer une petite échauffourée à laquelle je n'avais guère plus envie d'assister que de prendre part. Passé la place de la Nativité, dans la vieille ville, je ne rencontrais que de rares passants, furtifs, étonnés de me voir et peut-être vaguement suspicieux. Au début, ils avaient dû me prendre pour un journaliste, ou mieux encore pour un représentant d'ONG, mais à la longue, à force de me voir errer dans les rues sans but précis, à l'heure où tout le monde était aux arrêts de rigueur, il y en avait sans doute qui se posaient des questions. Moi-même, il m'arrivait de m'en poser. Si j'allais voir des gens, des chrétiens en particulier, je craignais de les embarrasser ou de les compromettre. À juste titre, ils étaient peu désireux d'être surpris dans l'espèce de torpeur à laquelle les condamnait le couvre-feu, tard levés, passant la plus grande partie de la journée à grignoter devant la télé, à jouer aux cartes et à d'autres jeux de société, ou à se promener sur Internet pour les mieux lotis. Et quand le couvre-feu était levé, ils avaient le plus souvent trop à faire pour me recevoir. Avec une remarquable discipline, la plupart de ceux que je parvenais à rencontrer ne me tenaient d'ailleurs que des propos si convenus, au moins de prime abord, qu'ils paraissaient confirmer en tout point les pronostics du jésuite. Et quand certains s'écartaient de la ligne générale, confessant par exemple la frayeur que leur inspiraient les prêches du vendredi – « Si vous saviez comme ils nous haïssent ! » – ou rapportant comment leurs enfants, à l'occasion d'une banale dispute, devaient encaisser sans broncher, par crainte d'être accusés par leurs adversaires de blasphème, des insultes flétrissant les symboles de leur religion, nous nous sentions par la suite vaguement coupables, eux d'avoir laissé échapper de tels aveux et moi de les avoir recueillis.

Le mercredi 11 décembre est une de ces journées froides, sombres, pluvieuses, lors desquelles je tourne en rond dans ma chambre, chez les sœurs, en m'interrogeant sur le bien-fondé de ma démarche. Invisibles au-dessus des nuages bas, des chasseurs israéliens survolent inlassablement la région, tandis que sur le chantier des orthodoxes russes, déserté, le chiot mal ficelé hurle presque sans discontinuer. À

9 heures du matin, sur les ondes de la radio jordanienne, le présentateur des informations en anglais se prend les pieds dans la lecture de son texte, à plusieurs reprises, éveillant confusément l'idée d'un lien possible entre lui-même et le chien d'à côté. Les nouvelles qu'il bredouille ne sont pas bonnes : les États-Unis menacent d'employer l'arme atomique contre quiconque les attaquerait avec des « armes de destruction massive », et la marine espagnole a arraisonné en mer d'Arabie un cargo nord-coréen transportant des missiles sol-sol de type Scud.

Une demi-heure plus tard, je décide d'appeler Tania D., professeur de littérature étrangère à l'université de Bethléem, que j'ai rencontrée la veille, brièvement, à l'occasion d'une levée du couvre-feu. Auparavant, dans cette même université, je m'étais entretenu avec deux autres enseignantes, chrétiennes l'une et l'autre, qui m'avaient fait le meilleur accueil, bien que l'une au moins considérât ma démarche comme « sectaire », estimant quant à elle qu'il n'y avait rien à dire de particulier sur les chrétiens de Palestine – rien d'autre que ce qu'il convenait de dire sur la situation des Palestiniens en général – et en même temps, contradictoirement, se plaignant de ce que le monde entier les ignore.

Des trois, Tania m'avait paru de très loin la plus radieuse ou, si l'on veut, la plus illuminée. Elle semblait animée d'une foi ardente, une foi durement éprouvée par le siège de la Nativité, qu'elle avait perçu comme un défi lancé à Dieu « dans son propre berceau ». « Pendant ces trente-neuf jours, le ciel a cessé par moments d'être un recours pour moi. S'il ne pouvait se défendre lui-même, comment pourrait-il me défendre ? » Bien entendu, ce n'était que le siège du lieu saint qu'elle considérait comme un tel défi, et non l'intrusion qui l'avait précédé, estimant elle aussi, sur ce point, que les intrus n'avaient « pas le choix », et qu'il était du devoir de l'Église de les accueillir et de les protéger.

Par la suite, elle avait envisagé toute l'affaire comme une sorte de répétition de la Passion du Christ, et sa foi, peu à peu, lui était revenue, fortifiée, même, par l'image du frère Ibrahim, après la conclusion de cet épisode, embrassant un officier israélien qui avait été son principal interlocuteur pendant le siège. Elle m'avait montré la couverture d'un magazine illustrée par une photographie de cette embrassade, ou plutôt de ce baiser de paix, plus formel que véritablement chaleureux, ajoutant que c'était « l'essence même du christianisme d'aimer et de pardonner ». Il était assez facile d'imaginer Tania chantant dans la fosse aux lions, aimant les lions et leur pardonnant.

La scène se déroule devant la télévision, dans le salon de Tania où celle-ci se tient avec toute sa famille : William, son mari, et leurs cinq enfants, trois filles et deux garçons dont l'âge s'échelonne entre sept et dix-huit ans. On remarque dans le salon au moins deux statuettes de la Vierge, et il est vraisemblable qu'elles viennent de Lourdes. Au milieu des années quatre-vingt-dix, en effet, après l'arrestation de William pour faits de résistance, et alors qu'il s'apprêtait à comparaître devant un tribunal israélien, Tania s'était rendue au sanctuaire de la Grotte-du-Lait et y avait fait le vœu, si son mari était condamné à une peine inférieure à cinq ans, d'emmener par la suite toute sa famille en pèlerinage au pays de Bernadette Soubirous. William n'ayant pris que deux ans et demi, Tania dut s'acquitter de ses obligations envers la Vierge Marie. Le pèlerinage eut lieu quelques mois après la libération de William. La famille ne comptait à l'époque que quatre enfants : au passage, dans les Hautes-Pyrénées, la petite dernière fut baptisée du nom de Lourdine. Peu de gens, sans doute, même des catholiques, imaginent qu'un militant palestinien, au sortir d'une prison israélienne, puisse n'avoir rien de plus pressé que de se ruiner à demi pour se rendre à Lourdes en pèlerinage avec toute sa famille. Il semble qu'à l'époque William possédait à la sortie nord de Bethléem un garage, détruit entre-temps par un raid de l'aviation israélienne. Et la nuit dernière, la Citroën qu'il venait d'acheter a été délibérément pliée en deux par un véhicule blindé de transport de troupes. Quant à ce qu'il a fait pour s'attirer tant de désagréments, je n'en sais rien, ayant pris le parti de ne jamais interroger mes interlocuteurs sur la nature exacte de leurs activités politiques. La conversation roulant sur l'exode des chrétiens de Palestine, dont Tania soutient que l'Église s'efforce par tous les moyens de le contenir, y compris en incitant les ambassades les plus sollicitées à ne pas accorder de visas, une légère controverse l'oppose à son mari au sujet des causes de ce cet exode. William ayant cité, parmi ces causes, les aspirations des chrétiens à un mode de vie différent de celui des musulmans, Tania le reprend et William n'insiste pas. Quant au fils aîné, qui est très actif chez les scouts, il soutient de son côté que « jamais les relations n'ont été aussi bonnes entre musulmans et chrétiens ». Il est vrai que lui-même n'envisage ces relations que sous l'angle de la lutte politique. Spectateur assidu d'Al Jezira, il n'ignore rien des combats, même les plus douteux, menés dans le monde entier par des groupes se réclamant de l'islam. Il regarde peu les télévisions occidentales, qu'il estime trop favorables aux « juifs » et d'ailleurs sous la coupe de ces derniers. À l'exception, précise-t-il, des pays qui ont eu « beaucoup à souffrir des juifs », parmi lesquels il cite l'Espagne, la France et l'Italie, se reprenant in extremis au moment d'ajouter l'Allemagne à cette liste. Son frère cadet, élève comme lui du collège franciscain Terra Sancta, s'est rendu l'été dernier en Italie dans le cadre du mouvement scout. Dans le local où il était hébergé avec ses camarades, il s'est ému de découvrir une affiche de l'association Paix et Solidarité représentant un enfant juif et un enfant palestinien, coiffés respectivement d'une kippa et d'un keffieh, se tenant bras dessus bras dessous au premier plan d'une vue de Bethléem. Il s'en est ému au point d'improviser à ce sujet un petit discours qui dut semer la consternation parmi ses hôtes. Ce qui le révolte, assure-t-il, ce n'est pas l'idéal exprimé par cette affiche, mais que cet idéal soit représenté comme une réalité. Quant aux filles, elles non plus ne restent pas inactives. À l'occasion d'une incursion israélienne antérieure au siège de la Nativité, un combattant palestinien ayant pris position, un peu plus bas sur la colline, avec son arme, et la télévision ayant au même moment interrompu ses émissions pour diffuser en boucle des enregistrements de chants héroïques, l'une des gamines aurait poussé le son au maximum afin de soutenir le moral du combattant, tirant à celui-ci des larmes d'émotion. Venant après les propos du fils aîné relatifs aux télévisions européennes, cette anecdote, ou plutôt le ravissement dans lequel son évocation semble plonger toute la famille, me met mal à l'aise, sans que je comprenne exactement pourquoi. Peut-être parce qu'elle concerne des enfants ? Ou parce que dans ce récit, et compte tenu de circonstances qu'il m'est impossible de décrire avec précision, il semble que le franc-tireur palestinien, de la position qu'il occupait, et avec l'arme dont il disposait, ne pouvait se livrer qu'à un simulacre de combat, une sorte de fantasia, ce qui confère à toute la scène un caractère factice et grandiloquent ? D'un autre côté, si quelqu'un avait évoqué devant moi une scène du même genre à Sarajevo, en 1993, sans doute n'aurais-je pas réagi de la même façon. Peut-être mon malaise, à Bethléem, vient-il aussi de ce que je ne parviens pas à prendre tout à fait au sérieux les vues de mes interlocuteurs, ou du moins à y adhérer totalement. Dans la suite de cet entretien, je me trouve de nouveau en porte-à-faux avec mes hôtes lorsqu'il me faut commenter un reportage d'Al Jezira sur les inspections de l'ONU en Irak. Ayant exprimé l'opinion que si les inspecteurs s'obstinaient à ne rien trouver, il deviendrait difficile, à la longue, de soutenir la voie des inspections comme une alternative à la solution préconisée par les Américains, je sens que le fils aîné, désormais, me considère avec méfiance. En ce qui le concerne, à l'instar de beaucoup de ces pacifistes qui se manifesteront par la suite, en France notamment, avec une telle ardeur, le désarmement de Saddam Hussein est évidemment le dernier de ses soucis, et la poursuite des inspections ne lui paraît légitime que si elle doit tourner à la confusion de ses ennemis.

Fruit d'une décision politico-stratégique déjà ancienne, l'expansion indéfinie du « Très Grand Jérusalem », à travers la construction de colonies, puis de blocs de colonies, de routes les desservant et de dispositifs assurant la sécurité des unes et des autres, se traduit par l'enclavement de plus en plus étroit de Bethléem et des localités palestiniennes de son pourtour. Aujourd'hui, les autorités israéliennes semblent particulièrement affairées à redéfinir et à clôturer la frontière nord de cette agglomération, là où elle confine aux colonies de Gilo et de Har Homa et à la route n° 60. Ce projet global se décompose en une multitude d'entreprises particulières, compliquées par la nature du relief au moins autant que par la résistance des populations concernées, et d'autant plus difficiles à décrire, physiquement, qu'elles font appel à des techniques différentes, progressent selon des rythmes variables et se recoupent parfois, au risque de nuire à la cohérence ou à la lisibilité de l'ensemble. Pour ne retenir comme exemple que le fameux ravin séparant la colline de Gilo de celle de Beit Jala, et traversé par la route n° 60, celle-ci, montée sur pilotis, est protégée à l'est par des plaques de béton identiques à celles que l'on observe plus haut sur tout le pourtour méridional de la colonie juive, tandis que, partant de cette dernière et se propageant vers l'est, une clôture ajourée, d'un modèle plus sophistiqué, doublée vraisemblablement d'un fossé, et peut-être d'un glacis, franchit la même route n° 60 par en dessous et perpendiculairement à celle-ci. Aujourd'hui, les différents éléments de ce dispositif – et de même, sur un autre mode, les appréhensions qu'il suscite – tendent à converger vers la tombe de Rachel, occupée et fortifiée par l'armée israélienne de manière à verrouiller l'accès nord de Bethléem. D'ores et déjà, les fortifications de cette position barrent dans toute sa largeur la route d'Hébron. Pour entrer dans Bethléem ou pour en sortir, en provenance ou à destination de Jérusalem, il faut par conséquent contourner cet obstacle, ce qui ne peut se faire qu'en empruntant la rue de l'Hôpital-Caritas. À l'extrémité nord de celle-ci – elle-même dominée par plusieurs postes d'observation de l'armée israélienne, établis dans les étages supérieurs d'immeubles d'habitation partiellement ou totalement évacués –, une petite rue, formant avec la précédente un angle droit, permet de rejoindre la route d'Hébron, en amont de la tombe de Rachel et en aval du barrage permanent qui, un kilomètre plus loin dans la direction de Jérusalem, filtre la circulation des véhicules et des piétons. On voit par là qu'il s'agit d'un dispositif compliqué. Parmi d'autres difficultés, sa mise en place, en la retranchant de la circulation, a entraîné la stérilisation de toute une section de la route d'Hébron, entre la tombe de Rachel et le débouché de la rue de l'Hôpital-Caritas. Située à l'entrée nord de Bethléem, sur un itinéraire que devaient nécessairement emprunter les visiteurs venant de Jérusalem, cette section de la route d'Hébron, dans la brève période d'euphorie qui suivit les accords d'Oslo, avait été équipée de diverses commodités à l'usage des touristes – stations-service, restaurants ou boutiques de souvenirs – dont la décrépitude ou la vacuité accentuent désormais son caractère lugubre et occasionnellement menaçant. Par surcroît, il semble que les Israéliens envisagent de couper de nouveau ce bras mort, mais cette fois dans le sens de la longueur, en érigeant au milieu de la chaussée un mur de séparation qui isolerait définitivement de tout contexte les bâtiments situés du mauvais côté. Les propriétaires ou les usagers qui se sont inquiétés de ce projet – parmi lesquels M. Jamil Hosh, directeur général de la Bethlehem Star Olive Wood Factory – ont obtenu des autorités l'assurance qu'elles étudieraient la possibilité de pratiquer ici et là quelques ouvertures. Déjà que la Bethlehem Star Olive Wood Factory occupe l'emplacement le plus inconfortable et le plus exposé de ce quartier, tout au fond du bras mort, exactement au pied des hautes plaques de béton protégeant la position militaire et des miradors qui la surplombent... Même quand le couvre-feu est levé, M. Jamil hésite à se rendre à son usine, tant il s'est souvent fait coucher en joue par les soldats du haut de ces miradors. La nuit dernière, d'autres soldats ont enfoncé le portail métallique de la cour où il entrepose son bois d'olivier. Au demeurant, l'usine tourne de temps à autre, par à-coups, assez souvent du moins pour produire infiniment plus de bois sculpté que le marché, en l'absence de touristes, ne peut en absorber. Il y a quelque chose de pathétique à voir ses ouvriers, clope au bec, au moins pour certains, bien que l'air soit saturé de sciure de bois, armés de fraises dont les effrayantes stridulations évoquent une sorte de cabinet dentaire en folie, peaufinant sur leurs établis des têtes de Jésus auxquelles il ne manque pas une épine, et qui s'accumulent par centaines, toutes rigoureusement identiques, dans des caisses où elles sont peut-être appelées à demeurer stockées pour l'éternité.

Chez lui, comme tout le monde, M. Jamil regarde la télévision. Rue de la Crèche, les baies vitrées de son appartement donnent sur le toit de l'immeuble d'en face, couronné de réservoirs métalliques et de panneaux solaires, au-delà duquel la vue porte au loin sur les collines du désert de Judée, de moins en moins désertes (de plus en plus mitées), se propageant par vagues jusqu'à l'escarpement de la vallée du Jourdain. Privée d'école par le couvre-feu, la plus jeune de ses filles lui tient compagnie. Elle est âgée peut-être d'une douzaine d'années, et ses goûts, en matière de télévision, la portent plutôt vers les clips, tel celui qui en ce moment même montre Britney Spears, vêtue de cuir, en train de se tortiller comme un ver sur la selle d'une moto. Zappant sur une chaîne israélienne qui présente une émission culinaire – une grosse dame pétrit une grosse boule de pâte dans un saladier –, elle fait en toute innocence ce commentaire, d'autant plus déconcertant qu'il s'agit d'une petite fille charmante, bien élevée, polyglotte, issue d'une famille à laquelle tout préjugé racial ou religieux est manifestement étranger : « C'est drôle, chaque fois que la télévision montre des juifs en train de faire la cuisine, le plat qu'ils préparent est dégoûtant ! » (Un jour où des soldats s'aventurent dans la vieille ville, certains en jeep, d'autres à pied, matraque haute et lançant des grenades lacrymogènes, les enfants fuient devant eux au cri de « les juifs ! les juifs ! » Difficulté d'accepter l'usage que chacun fait ici du mot « juif », effort pour le comprendre.)

Quand M. Jamil reprend le contrôle de la télécommande, plus de clips, ce sont des débats qui s'enchaînent : sur Al Jezira, un politicien palestinien réputé pour sa modération controverse avec un porte-parole du Hamas. Sur une chaîne locale, un journaliste de Bethléem s'entretient avec des téléspectateurs du projet que l'on prête au patriarcat latin de faire la grève des réjouissances – mais non, bien entendu, des cérémonies religieuses – à l'occasion de la fête de Noël. M. Jamil soutient sur ce sujet la position du patriarcat. Mais il convient de noter qu'il appartient à une classe sociale moins attachée que d'autres aux défilés, aux parades, aux oriflammes ou aux attractions foraines déployées sur la place de la Nativité. Afin de compenser l'effondrement du marché local, M. Jamil, en liaison téléphonique avec son fils qui séjourne en ce moment même en Allemagne, s'efforce d'autre part de développer ses exportations d'objets de piété. Il vient de recevoir d'Argentine une commande providentielle de mille bouteilles d'eau du Jourdain. Prélevée près du lac de Tibériade et stockée dans des jerrycans, l'eau du Jourdain est certifiée conforme par l'Église orthodoxe (apparemment, l'Église catholique s'y refuse). Quant aux flacons, il n'en a que 800 en réserve : 200 autres doivent arriver de Finlande, mais leur acheminement via Israël se heurte à des difficultés presque insurmontables.

Quoi de plus éloigné de Bethléem que les écluses de Panama ? À l'égard de ces dernières, j'éprouve une affection d'autant plus vive que je les ai moi-même empruntées. C'était il y a longtemps. Beaucoup de gens, sans doute, sont dans ce cas, mais tout de même pas tant que ça. Abou Johnny en était, et que nous ayons vu, l'un et l'autre, même séparément, le niveau de l'eau s'élever par exemple dans l'écluse de Miraflores, ou le cadavre d'un alligator – ou plutôt de deux alligators, décédés à plusieurs années d'intervalle – dériver ventre en l'air à la surface des lacs Gatun, c'était peut-être ce qui nous avait rapprochés, tout d'abord, presque aussi sûrement que si nous avions jadis combattu dans la même tranchée. D'autre part, je me rendais dans son épicerie deux ou trois fois par semaine afin de m'y procurer des produits de première nécessité, tel ce vin de Cremisan dont j'usais avec modération.

Abou Johnny est généralement vêtu d'un blouson de cuir de style « aviateur ». C'est un homme d'assez petite taille, mais robuste, dont l'apparence physique suggère une aptitude particulière à s'accommoder de situations très diverses. Le jour où je dois le rencontrer, en dehors de sa boutique, pour recueillir le récit de son existence, le couvre-feu pèse très lourdement, et dans le silence de la ville, il est assez choquant d'entendre tout autour le bruit des bulldozers s'affairant à parfaire son isolement. L'entretien se déroule en fin d'après-midi dans le petit salon du couvent destiné à l'accueil des visiteurs, meublé sobrement, peu chauffé et décoré d'images pieuses. Abou Johnny est né à Bethléem en 1938. À un an, sa mère étant morte, il est placé par son père chez les Filles de la Charité, d'abord à Bethléem, puis à Jérusalem dans un établissement plus vaste où, dit-il, « il y avait de tout : des vieillards, des idiots, des aveugles ou des sourds-muets »... Après la fondation de l'État d'Israël, en 1948, les orphelins et les sœurs sont chargés par des soldats britanniques dans des camions, « comme des brebis », précise Abou Johnny, à destination de la Jordanie. Quelques années plus tard, il se retrouve à Beyrouth, puis dans d'autres villes du Liban, cette fois sous la protection des lazaristes. C'est avec eux qu'il se perfectionnera en français, en arabe, et dans d'autres disciplines. Même s'il les décevra, par la suite, en refusant de devenir prêtre – par défaut de vocation, et aussi, incidemment, parce qu'il est orthodoxe, au moins de naissance –, Abou Johnny entretiendra toute sa vie une relation très étroite avec les lazaristes. Après deux ans d'une expérience semble-t-il décevante auprès de son père, c'est parmi eux, de nouveau, qu'il séjourne une quinzaine d'années à Abou Gosh, en Israël, exerçant tour à tour le métier de cuisinier et celui de guide pour touristes. En 1975, Abou Johnny se marie à Bethléem, dans l'église de la Nativité, avec une cousine germaine non moins orthodoxe que lui. Il est désormais cuisinier de l'hôpital Caritas et il le restera pendant une vingtaine d'années. Aux approches de l'an 2000, durant la brève période d'euphorie touristique que connaît alors Bethléem, après avoir travaillé quelque temps pour le restaurant Saint-George – « on recevait jusqu'à quinze ou vingt cars de touristes par jour, on refusait du monde » –, il décide de se mettre à son compte et ouvre un restaurant dans les locaux occupés aujourd'hui par l'épicerie. « Avec la grève qu'il y a depuis qu'ils sont entrés, les juifs », le restaurant périclite. Quant à l'épicerie qui l'a remplacé, toute proche de l'église de la Nativité, elle a été particulièrement affectée par l'occupation et le siège de celle-ci. Divers indices suggèrent cependant qu'Abou Johnny s'en sort plutôt mieux que d'autres, même si, dans le contexte étrange créé par l'occupation et le couvre-feu, il est particulièrement difficile de comprendre quelles sont les ressources des habitants de Bethléem, en dehors de l'aide qu'ils reçoivent, et lesquels sont réellement pauvres ou menacés de le devenir.

Durant la longue période que nous venons de survoler, Abou Johnny s'est rendu à deux reprises au Chili, la première fois au début des années soixante-dix et la seconde au milieu des années quatre-vingt. Dans les deux cas, il s'agit d'aller rendre visite à son père, à l'égard duquel il éprouve cependant un ressentiment manifeste, égal à la reconnaissance que lui inspirent les communautés religieuses qui se sont substituées à ce père défaillant. Mais le ressentiment n'exclut pas la curiosité, et d'autre part son père s'est expatrié en Amérique latine avec un des frères d'Abou Johnny, dont ce dernier précise que « c'était surtout lui qu'il avait envie de revoir ». Il ne semble pas que le premier voyage, en avion, ait donné lieu à des péripéties romanesques, au moins de son point de vue. Beaucoup plus long, le second voyage au Chili commence à Haïfa, sur le pont d'un bateau qui le mène à Chypre, puis au Pirée, et ainsi de suite jusqu'en Italie, où il est accueilli, une fois de plus, par ses protecteurs lazaristes. Au terme de ce séjour italien, Abou Johnny embarque sur un cargo mixte, le *Donizetti*, et c'est à bord de celui-ci qu'il passe le canal de Panama, épisode lors duquel il dit avoir été vivement impressionné par le fonctionnement des écluses. Lors de sa première escale dans le Pacifique, en Colombie, il va à terre en compagnie d'un prêtre italien, peut-être lazariste, et tous deux manquent de se faire assassiner par trois mystérieuses « femmes noires » dans des circonstances assez obscures. Lors d'une nouvelle escale, au Pérou, il voit d'autres Noirs qui ne tentent pas d'attenter à sa vie mais « achètent de l'or par kilos ». Puis c'est le Chili, trois mois en compagnie de son père, de son frère et d'autres parents exilés dans le même pays, dont il dit seulement que « grâce à Dieu, il les a trouvés en bonne santé ». Par la suite, cependant, son père mourra, et peu après son frère, victime d'un homicide. Abou Johnny se souvient aussi d'avoir voyagé jusqu'à la Terre de Feu et d'y avoir séjourné dans un village au nom improbable de Coranilawi où « toutes les maisons étaient noires comme du charbon, et très sales ». Aujourd'hui, bien qu'il ait à Bethléem quatre enfants des deux sexes, mariés pour la plupart, Abou Johnny émigrerait volontiers, au Canada si possible, mais sa femme s'y refuse. Apparemment, les raisons qui le poussent à vouloir émigrer sont de celles qu'un chrétien palestinien ne peut avouer sans risquer de faire de la peine à son Église. Même si, comme beaucoup d'autres, il se plaint à demi-mot de l'agressivité croissante dont seraient victimes les chrétiens, en particulier depuis le 11 septembre, Abou Johnny est avant tout soucieux de ne pas apparaître comme « faisant de la politique ». Il déteste que l'on mélange cette dernière avec la religion : à ce propos, il se demande si la volonté patriarcale de supprimer les réjouissances laïques de Noël ne relèverait pas d'une telle confusion. Lui-même évoque avec nostalgie les

Noëls d'autrefois, dont la pompe procurait peut-être à la communauté chrétienne quelque chose comme un succédané de la puissance. Contrairement à M. Jamil, mais à l'unisson d'autres chrétiens occupant une position sociale plus modeste, il se désole à l'idée d'être privé de nouveau, cette année, de défilés et de fanfares.

Bien que personne ne sache au juste ce qu'est la société civile, il est plus ou moins avéré que tout ce qui s'oppose à elle est néfaste. On sait aussi que la société civile s'exprime principalement par le truchement des ONG. La société civile palestinienne a donné naissance à un très grand nombre de ces dernières, au sein desquelles il semble que l'intelligentsia chrétienne soit surreprésentée, peut-être comme elle l'était auparavant dans les mouvements politiques ou politico-militaires développant une phraséologie d'extrême gauche. Contrairement à ceux-ci, les ONG se définissent généralement comme pacifistes, ou du moins comme non violentes, mais cela n'a pas empêché la coordination des ONG palestiniennes, après le déclenchement de la seconde Intifada, de proscrire toute activité commune et même tout dialogue avec leurs homologues israéliennes. Cette information, que je n'ai pas eu le loisir de vérifier, je la tiens du coordinateur d'une de ces ONG, le Centre palestinien pour le rapprochement entre les peuples, dont le siège est établi à Beit Sahour non loin de l'église orthodoxe. George, le coordinateur, précise d'ailleurs que l'ONG dont il s'occupe a reçu de la coordination, après discussion, une dispense relative aux militants israéliens désireux de se joindre aux manifestations organisées par le Centre. Mais cette exception, ou cette dispense, ne s'entend que dans ce cas précis, et exclut toute reprise du dialogue : « Le temps de celui-ci est révolu, insiste George, c'est maintenant le temps de l'action. » On voit par là que même si elles se donnent volontiers des airs de grandes filles toutes simples – à l'instar de la société civile dont elles procèdent –, on ne badine pas, malgré tout, avec les ONG. Le local du Centre pour le rapprochement ressemble à n'importe quel local associatif de gauche – à supposer qu'il existe des associations ou des ONG de droite – où que ce soit dans le monde :

les écrans d'ordinateurs s'y marient harmonieusement aux cendriers pleins, même si, désormais, une part croissante des locaux associatifs est interdite aux fumeurs. Les militants internationaux y sont nombreux, en particulier les Américains, capables des mêmes excès dans la mauvaise conscience que dans la bonne. Avec une marge d'erreur non négligeable, on les identifie, ou on croit les identifier, à certains détails de leur parure inchangés depuis les années soixante. Les affiches qui couvrent les murs sont rédigées pour la plupart en anglais – « Israeli occupation steals lives », « No one is free until everyone is free » –, et seuls les drapeaux palestiniens introduisent une petite touche de couleur locale. Tout en affirmant le bien-fondé des actions militaires de résistance à l'occupation, le Centre pour le rapprochement organise de son côté des manifestations non violentes dans lesquelles les internationaux jouent le rôle de « boucliers humains », pour reprendre les termes employés par George lui-même. Bien entendu, dans ce contexte, où l'opprimé est exempt par définition de toute imperfection, il serait incongru de poser des questions relatives à d'éventuelles tensions islamo-chrétiennes en Palestine. Comme les membres de l'intelligentsia chrétienne en général, les associatifs de cette confession sont plutôt du genre à éprouver de lancinants scrupules pour les privilèges qu'ils suspectent les Israéliens de leur accorder. Ainsi Tony, un cousin de George, musicien, vidéaste et gérant d'un petit supermarché, lorsqu'il me rapporte les faits suivants : le 19 avril 2002, pendant le siège de l'église de la Nativité, alors que, dans sa maison de Beit Sahour, il célébrait avec sa femme l'anniversaire de leur rencontre, des soldats frappent à leur porte et, sitôt entrés, se mettent à perquisitionner de fond en comble. Puis ils s'en vont, mais pour revenir une demi-heure plus tard et s'installer à douze dans le salon. Lorsque deux d'entre eux se mettent à fumer, Tony leur demande d'aller dehors, ce qu'ils font. Ils seraient restés ainsi près de deux heures, utilisant à plusieurs reprises les toilettes, mais sans jamais se départir, au moins dans les formes, d'une certaine politesse. Un mois plus tard, un autre groupe de soldats s'est présenté chez lui sans plus d'explications et cette fois vers 6 heures du matin. Or ce qui semble avoir choqué Tony plus que tout, c'est cette très relative politesse observée par les soldats lors de ces deux intrusions, et dont il ne doute pas qu'elle soit liée à sa qualité de chrétien. On a l'impression qu'il se sentirait plutôt mieux si les soldats, au lieu de se contenter de l'inspecter, avaient détruit ou au moins endommagé le matériel cinématographique et musical qu'il possède.

Au début, par habitude de promener des journalistes, Jihad m'avait offert de rencontrer des porte-parole qualifiés de telle ou telle obédience, mais je m'y étais refusé, par crainte de paraître trop curieux – tout cela pour entendre des discours dont je connaissais déjà la teneur – et parce que ce n'était pas l'objet de ma démarche. Ce refus n'avait pas paru le déconcerter. Puis il m'avait conduit à l'hôtel des Rois Mages, à Beit Sahour, où résidaient la plupart des militants internationaux de passage dans la région, et peut-être s'était-il un peu plus étonné de mes réticences à séjourner sous le même toit qu'eux, même s'il savait que j'avais déjà trouvé à me loger chez les sœurs. Par la suite, il réitérera deux ou trois fois sa proposition d'acheter une bouteille de vin de Cremisan et d'aller la boire tranquillement sur l'Hérodion, cette colline au sommet arasé et transformé en palais par les soins d'Hérode le Grand : une dizaine de kilomètres, environ, sépare l'Hérodion de Bethléem, dans la seule direction qui pour d'inexplicables raisons, peut-être simplement parce qu'elle mène au désert, semble ouverte aux véhicules palestiniens presque sans restriction. Mais je reportais de jour en jour l'excursion, et je devais finalement quitter Bethléem sans avoir vu l'Hérodion autrement que de loin ni bu cette fameuse bouteille de vin. Au demeurant, tant que je ne lui demandais rien de compromettant et que je m'acquittais ponctuellement du prix de nos courses, Jihad ne semblait guère se soucier de la relative opacité de mes projets.

Un dimanche, à la sortie de la messe célébrée par le père Amjad dans l'église Sainte-Catherine, j'ai abordé un type jeune dont la tête me revenait. Le type en question avait une expression à la fois amicale et ironique, d'où il ressortait, à mon avis, qu'il avait compris ce que je recherchais et qu'il en éprouvait toute la vanité, mais sans vraiment me désapprouver. Comme il faisait beau, nous nous sommes assis au soleil, sur un banc de la place de la Nativité, le type lissant sa courte barbe et me considérant toujours d'un air goguenard. « Qu'est-ce que vous voulez savoir des chrétiens ? Vous ne comprenez pas qu'ils ne peuvent rien vous dire, parce qu'ils sont menacés de tous les côtés ? » À ce moment survinrent deux fous, ou deux idiots, dont celui que j'avais déjà rencontré dans l'église, marmottant et se battant les couilles, et le type me les désigna du menton en ajoutant qu'il fallait « être comme ces deux-là pour vivre sans souci à Bethléem ». Bien sûr, le type était pessimiste, peut-être même exagérément, mais c'était aussi, sans doute, ce qui lui donnait cet air ironique et gentil qui m'avait plu chez lui de prime abord. Ce pessimisme, d'autre part, le rendait assez taciturne, et il semblait attendre que je tire de moi-même la leçon de ses indications très succinctes. Mais comme je faisais celui qui n'entend pas, il revint à la charge, me racontant comme si de rien n'était qu'une chaîne de télévision palestinienne avait parlé la veille de ces agents israéliens qui se mêlaient à la population, sous des prétextes et des déguisements très divers, afin d'en obtenir à son insu des renseignements. « Ils sont habillés comme nous », fit-il remarquer, et j'étais habillé comme lui, c'est-à-dire, de mon point de vue, comme tout le monde. Il insista aussi sur le fait que j'étais là depuis longtemps. Comme je lui objectais qu'en aucun cas les services israéliens ne pourraient employer un type comme moi, aussi repérable, aussi embarrassé, connaissant à peine assez d'arabe pour souhaiter poliment le bonjour, il me fit observer que les agents des services en question étaient capables de revêtir les apparences les plus invraisemblables : « They dress even like nuns ! » (« Ils s'habillent même en religieuses ! ») Lui-même, apparemment, ne me soupçonnait pas. Mais il semblait convaincu que d'autres pouvaient me soupçonner, ou feindre de me soupçonner, ce qui revenait au même, de telle sorte que mes interlocuteurs éventuels, outre qu'ils ne pouvaient de toute façon pas se livrer, risquaient de se compromettre en me parlant pour ne rien dire. « Noël approche, reprit le type. Vous avez une famille, en France, une femme ? une petite amie ? Rentrez vous occuper d'elle ! Profitez de la vie ! » Puis il a fouillé dans sa poche, en a retiré un petit objet de bois sculpté représentant peut-être un ours, ou un mouton, et me l'a offert, avant de s'éloigner en renouvelant son invitation à « profiter de la vie », et tout cela sans se départir de son air aimablement ironique.

Le même jour, j'ai déjeuné chez la veuve d'un homme d'affaires. C'était dans une des maisons les plus cossues de Bethléem, des pièces immenses, très hautes de plafond, organisées autour d'un patio d'où jaillissaient des plantes vigoureuses. En arrivant, la fille de la maison avait télécommandé du fond de sa voiture l'ouverture de la grille du parc, où nous avions été accueillis par les aboiements d'un chien énorme. La maison était située à la limite extrême de la ville, juste au-dessus de la clôture que les Israéliens, dans ce secteur, étaient en train de peaufiner : de ce côté, elle était doublée d'un fossé, de l'autre d'un chemin de ronde au sable impeccablement ratissé, au-delà duquel la colonie de Har Homa se dressait à peu de distance sur sa butte. On voyait que la terre du fossé, rouge, avait été récemment retournée, et que les travaux de séparation, déjà impressionnants, étaient encore inachevés. Avec nous déjeunait un prêtre français tout de blanc vêtu et qui venait de l'autre côté de la frontière. Lorsque je rapportai les propos que l'on m'avait tenus le matin même, chacun se récria. Mais un peu plus tard, alors que la conversation roulait sur le siège de la Nativité, la maîtresse de maison affirma sans hésiter que la vérité, sur ce sujet, avait été dissimulée par l'Église « afin de sauver les chrétiens ». Si l'Église, de son point de vue, en était réduite à de telles extrémités pour sauver les chrétiens, pourquoi s'étonner de ce que l'un d'entre eux m'ait signalé l'impossibilité dans laquelle ils se trouvaient de me parler librement, et leur crainte, s'ils le faisaient malgré tout, d'être compromis ? Ou même accusés de s'être livrés à un espion ? Par la suite, le prêtre français et la maîtresse de maison, à propos de l'occupation de la basilique ou de la destruction des maisons de Beit Jala, parmi d'autres sujets controversés, s'exprimèrent de nouveau avec une audace que personne ne se serait autorisée dans des couches moins élevées de la société, mais sans avoir conscience, apparemment, de ce que seuls des privilégiés pouvaient examiner à haute voix des hypothèses aussi aventureuses. (Un autre jour, en visite chez le professeur d'islamologie du séminaire latin de Beit Jala, j'observe à quel point les intellectuels musulmans, ou certains d'entre eux, prennent moins de gants que leurs homologues chrétiens pour critiquer – souvent vertement – la politique de l'Autorité, condamner les attentats suicides et dénoncer le fanatisme du Hamas, ou ironiser sur le ton de certains prêches, quand par exemple ceux-ci accusent le pape et l'Église catholique d'être responsables des massacres de musulmans bosniaques… Mais il ne semble pas que cette audace et cette liberté d'esprit aillent jusqu'à se demander pourquoi les intellectuels chrétiens, de leur côté, en paraissent à ce point dépourvus lorsqu'on aborde avec eux les mêmes sujets.)

Plus on approchait de Noël, plus le mauvais temps redoublait et plus il arrivait de pèlerins chez les sœurs. Entre le 17 et le 21, la pluie n'a guère cessé, de jour ou de nuit, et le vent a soufflé en rafales jusqu'à près de 100 km/h. Mal entretenu, par suite des tiraillements entre les différentes Églises qui se partagent la souveraineté du lieu saint, et vraisemblablement troué par des projectiles israéliens durant le siège, le toit de la basilique de la Nativité fuit de toutes parts. Ruisselant sans discontinuer sur les murs de la nef, en particulier celui qui est orienté au sud, l'eau de pluie forme sur le dallage une flaque qui en recouvre déjà plus de la moitié, et au milieu de laquelle pataugent quelques moines orthodoxes armés d'ustensiles de ménage ridiculement inadaptés.

Le vendredi 20 décembre, tandis que la chrétienté s'efforce de contenir l'inondation, de l'autre côté de la place de la Nativité, sur le parvis de la mosquée d'Omar, plusieurs dizaines de fidèles qui n'ont pu trouver place à l'intérieur du sanctuaire prient à même le trottoir, sous une pluie battante, trempés jusqu'aux os et superbement indifférents à ces petites contrariétés.

L'arrivée chez les franciscaines des pèlerins, une dizaine au total, m'a perturbé comme autrefois celle des touristes, en période de vacances scolaires, dans tel établissement discret d'une ville retirée où j'étais satisfait de séjourner presque seul. Dans de telles conditions, on éprouve facilement un sentiment exagéré de sa propre légitimité, découlant d'une occupation plus ancienne. En réalité, la présence au couvent de ces pèlerins, guidés et soutenus par leur foi, était certainement beaucoup plus justifiée que celle d'un observateur désabusé. Ces réflexions ne m'empêchaient pas de les considérer peu ou prou comme des usurpateurs, dont j'éludais tout d'abord les questions afin de ne pas me trahir comme un mécréant (un mécréant que la relecture attentive des Évangiles, parmi d'autres exercices, mettait cependant en mesure de donner le change). Parmi ces usurpateurs, certains – en fait, la plupart – étaient de bonne compagnie : tel ce prêtre-ouvrier originaire de La Ricamarie, un faubourg minier de Saint-Étienne, et lui-même fils de mineur, ou cette Anglaise un peu azimutée dont le seul défaut était de s'exprimer dans sa langue natale très rapidement et d'une voix presque inaudible. L'Anglaise azimutée fait partie de ces stéréotypes qui existent bel et bien dans la réalité, même si leurs occurrences trop fréquentes dans la littérature en rendent désormais toute évocation difficile. Celle-ci aurait été plutôt belle si elle avait eu le moindre souci de son apparence, et elle était aussi assez drôle. Ayant mis sa ferveur chrétienne au service de la cause palestinienne, elle venait de séjourner plusieurs semaines dans un camp de réfugiés proche de Gaza, où sa présence n'avait pas empêché un de ses voisins d'assassiner sa fille pour quelque manquement à l'honneur, péripétie déplaisante dont il n'est pas avéré qu'elle mesurait toutes les implications. Quant au prêtre-ouvrier de La Ricamarie, il profitait de son séjour à Bethléem pour s'enquérir des orphelins abrités par la crèche de l'hôpital de la Sainte-Famille, et qui devaient leur sort, au moins pour la plupart, à des circonstances voisines de celles rapportés par l'Anglaise, leurs mères ayant parfois payé de leur vie une conception illicite, ou ne s'étant soustraites à ce destin qu'en les mettant au monde à l'insu de leur entourage.

En ville, dans le hall de l'hôtel Star qui venait de rouvrir pour quelques jours, un prêtre sud-africain noir conduisait un petit groupe de pèlerins anglo-saxons. La réouverture de l'hôtel Star permettait d'accéder au restaurant de celui-ci, situé au cinquième et dernier étage, d'où l'on embrasse une vue panoramique sur toute l'agglomération de Bethléem jusqu'aux confins de Jérusalem. Toutes les tables du restaurant étaient inoccupées mais dressées, garnies de nappes à carreaux tantôt roses et tantôt bleus, et dans une niche aménagée en grotte se voyait une statue de Notre-Dame de Lourdes ou de Fatima. Sur la place de la Nativité, une affiche en couleurs illustrant les effets de la marée à Roscoff, poussée par le vent parmi les flaques d'eau, témoignait du passage récent d'un groupe de pèlerins bretons. Et c'est également sur cette place que par l'entremise de Jihad je fis la rencontre d'un vieil écrivain britannique originaire du Derbyshire, un certain David Rushworth-Smith, qui séjournait à Bethléem afin d'y recueillir les éléments d'une « romance », selon ses propres termes, évoquant les amours d'un chrétien et d'une musulmane. Comme je lui faisais observer qu'un tel accident n'avait que très peu de chances de se produire dans la réalité, David Rushworth-Smith me rétorqua qu'il s'agissait d'une œuvre d'imagination, et qu'au demeurant « rien n'était impossible à l'amour ».

Dans l'église de la Nativité, la journée du 24 a commencé par un enterrement. En tête du cortège funèbre marchait un homme de très petite taille portant le couvercle du cercueil, auquel il eut beaucoup de peine à faire franchir la porte basse datant de l'époque des Mamelouks. Derrière lui venait le père Amjad suivi d'un porteur de bannière, puis le cercueil ouvert encadré par la famille du défunt. Dans la basilique inondée, qu'ils traversèrent avant de gagner l'église catholique Sainte-Catherine où devait avoir lieu le service funèbre, on entendait un brouhaha d'oraisons monter de la grotte de la Nativité. Plus tard dans la journée, un prêtre catholique descendit dans la grotte afin d'y répéter, du moins je le présume, les gestes qu'il devrait accomplir le soir même, et qui consistaient à déposer avec le plus grand soin, au pied de l'autel marquant l'emplacement présumé de la Naissance, une statuette de l'enfant Jésus auparavant extraite de la chapelle dédiée à la Vierge Marie dans l'église Sainte-Catherine (le lendemain, je devais retourner dans la grotte, mais pour la trouver si embouteillée que je dus renoncer à y descendre, me contentant de regarder l'enfant Jésus, dupliqué en de nombreux exemplaires, sur les moniteurs des caméscopes brandis au-dessus de leur tête par les visiteurs qui me précédaient de quelques pas dans l'escalier). Quant à la nuit de Noël, je n'en conserve aucun souvenir digne d'être rapporté, à l'exception peut-être de celui-ci. Tandis qu'à l'intérieur de l'église Sainte-Catherine se déroule l'interminable messe de minuit, présidée par le patriarche latin de Jérusalem et retransmise dans le monde entier, en exclusivité, par la chaîne Al Jezira, je vais me promener dans les rues de Bethléem sur lesquelles s'abat en fin de soirée un véritable déluge. Pendant longtemps, je ne rencontre que de rares automobiles soulevant au passage des gerbes d'eau. Puis en revenant vers le couvent des franciscaines, à l'intersection de la rue Paul-VI et de la rue de l'Étoile, j'aperçois dans l'obscurité une petite famille qui dîne tranquillement, comme en plein soleil, sur une terrasse abritée du déluge par un dais de toile imperméable. Quelle que soit l'origine, peut-être surhumaine, de la force capable d'inspirer un tel défi, la petite famille y puise encore pour me saluer avec de grands gestes et de bruyants souhaits de « Bonne fête » et de « Bienvenue ». J'ignore quelle était la religion de cette famille, mais je ne doute pas que si Dieu, ce soir-là, avait été de passage à Bethléem, c'est chez elle qu'il aurait choisi de s'abriter.

De nouveau, je vois la route n° 60 sortir de terre, au pied d'un amphithéâtre plus ou moins régulier de terrasses plantées d'oliviers, puis franchir quelques centaines de mètres à découvert avant de replonger sous la colline de Gilo et d'en ressortir un peu plus loin, pour se diriger finalement – d'abord en tranchée, puis en surface – vers son confluent avec l'ancienne route d'Hébron. Le paysage est le même, mais vu à rebours. Depuis le faîte de la colline de Gilo, en cette matinée du dimanche 29 décembre, on découvre sur le versant opposé du ravin les maisons étagées de Beit Jala, estompées par la brume scintillante qui monte de la vallée, et à l'arrière-plan la silhouette curieusement aplatie de Bethléem, dominée par la carcasse du Méridien inachevé qui sous cet angle prend une importance démesurée. Par comparaison avec la semaine précédente, il fait presque un temps d'été. J'observe que la différence d'altitude, à l'avantage de Gilo, est plus marquée qu'il ne m'avait semblé de l'autre bord. Beit Jala paraît fragile et lointaine, encaissée, et je peine à retrouver sur son pourtour la maison à demi détruite dont le côté qui maintenant me fait face porte l'inscription « Sharon dog ». Il est difficile d'imaginer que, vus d'ici, les francs-tireurs qui ouvraient le feu depuis cette maison ou ses voisines aient jamais pu paraître redoutables, mais sans doute n'est-ce pas le point de vue des habitants de Gilo les plus proches de la frontière. Beaucoup de ceux-ci parlent russe, et quelques-uns français : dans le centre de ce quartier, l'homme qui montait la garde devant la succursale de la Western Union, en bras de chemise et la mitraillette Uzi en bandoulière, était un Russe, ou du moins était-il originaire d'un pays slavophone. Il n'y a pas beaucoup de monde dans les rues, et de moins en moins au fur et à mesure que l'on se rapproche de l'escarpement. Au bord de celui-ci, l'armée a établi un poste d'observation. De ce côté, au-delà des derniers immeubles de Gilo, s'étend en bordure du ravin un terrain vague au sol labouré par les chenilles de chars ou d'engins de chantier. C'est de là qu'on est le plus proche de Beit Jala et qu'on voit le mieux la partie à découvert de la route n° 60, entre les deux tunnels. En lisière de ce terrain vague se dressent quelques bicoques particulièrement exposées, pour le coup, à des tirs venus du versant opposé, et qui paraissent habitées : on se demande par quelle sorte de réprouvés. En bordure de la route qui longe le ravin sont stationnés des véhicules à demi désossés, les pneus crevés, dont une camionnette remplie d'épaves électroménagères et habitée, ou fréquentée, par toute une tribu de chats errants. Cette route elle-même – Ahlamah Street, puis, dans le prolongement de celle-ci, Ha-Shaish Street – est bordée de son mauvais côté par un mur de protection fait de plaques de béton juxtaposées, revêtues de fresques dont la plus inspirée reproduit à grands traits le paysage occulté, de telle sorte que les passants protégés par le mur puissent se remémorer la vue qu'il leur a retirée.

Depuis la place Al Manara (ou « place des Lions »), qui marque le centre de Ramallah, une avenue au tracé irrégulier mène en quelques minutes au site de la Mouqata'a. En chemin, on remarque sur les murs, parmi les graffitis en arabe, quelques slogans rédigés en anglais, émanant de militants internationaux et témoignant des limites de leur non-violence supposée, quand par exemple ils appellent en toute innocence au meurtre de colons juifs (« A settler a day keeps the doctor away[1] »). Plus on approche de la Mouqata'a et plus se creuse, sur le côté gauche de la route, le dénivelé,

1. « Un colon par jour, c'est la santé. »

tel que par temps clair la vue porte vers l'ouest jusqu'aux faubourgs de Tel-Aviv. Quant aux ruines du complexe administratif de l'Autorité, elles s'étendent de l'autre côté de la route sur plusieurs hectares, parfois si finement hachées qu'elles se distinguent à peine de la pierraille qui recouvre naturellement les sols nus, parfois assez massives pour que l'on reconnaisse la structure parallélépipédique d'un bâtiment affaissé sur lui-même, ses étages supérieurs, bien qu'évidés et tordus, ayant conservé grossièrement leurs dispositions d'origine. C'est au milieu de ces décombres, d'où émergent ici et là les angles nets d'un meuble de bureau demeuré intact, qu'un chemin caillouteux s'élève en serpentant vers ce qui reste de la résidence d'Arafat, réduite par les destructions successives des Israéliens aux dimensions d'un pavillon de banlieue : une grosse boîte cubique percée de quelques ouvertures, cantonnée de projecteurs qui la nuit l'éclairent *a giorno*, flanquée d'une tourelle coiffée d'un toit de tuiles à quatre pentes, et qu'une sorte de pont des soupirs, soutenu par des piliers de béton nu et couronné lui aussi de tuiles orange, raccorde à un bâtiment plus vaste mais endommagé. Afin de séparer cet ensemble encore valide du champ de ruines qui l'entoure, l'Autorité a fait construire perpendiculairement au chemin caillouteux un mur-écran, percé d'une ouverture à l'usage des voitures et d'une autre, plus petite, à l'usage des piétons. Mais comme ce mur, badigeonné de blanc, ne s'appuie sur rien, comme au lieu de relier deux bâtiments il commence et finit dans le vide, au milieu des gravats, il souligne plus qu'il ne l'atténue la désolation de ce décor et son caractère théâtral. Des piétons le franchissent à tout instant par l'une ou l'autre porte, et ceux qui montent de la ville par le chemin caillouteux portent pour la plupart, à bout de bras, des sacs en plastique probablement remplis de provisions. Tout cela évoque si peu la pompe d'un État, même déliquescent, que l'on est presque surpris, au moment de franchir la porte piétonnière, de découvrir de l'autre côté du mur un garde palestinien affecté à la surveillance des entrées.

Quelques centaines de mètres séparent la résidence d'Arafat de ce qui est apparemment le point culminant de Ramallah. Au sortir du complexe dévasté, si l'on prend deux fois sur la droite, contournant le bâtiment qui abrite le ministère palestinien des Travaux publics, puis sur la gauche un chemin de terre bordé de villas récentes, luxueuses, et d'autant d'immeubles inachevés, on atteint le sommet, aplati, de la plus haute de ces collines sur lesquelles la ville est bâtie. Le vent soulève des tourbillons de poussière et de sacs en plastique : les emballages plus lourds décrivent sur le sol de bruyantes arabesques sans parvenir à prendre leur essor. L'endroit est majestueux avec discrétion, un peu inquiétant également, comme n'importe quel lieu désert occupant une position dominante dans une ville sujette à des troubles. Exactement le genre de lieu où des hommes en armes, s'il en passait sur la route en contrebas, seraient irrésistiblement tentés de vous interpeller pour vous demander plus ou moins brutalement ce que vous fichez là. Car il n'y a rigoureusement rien à faire, au moins de leur point de vue, et c'est même justement ce qui confère tout son charme à cet emplacement. Quelques grands pins mugissants encadrent un faisceau d'antennes de télécommunication, dont la plus haute, en forme de derrick, gît désormais couchée de tout son long sur le sol, et rouillée. Sans doute les Israéliens l'ont-ils foutue par terre parce qu'elle les dérangeait d'une manière ou d'une autre. Plus bas s'étendent des lambeaux de vergers divisés par des murets de pierre, plantés d'oliviers ou d'amandiers, leur terre ocre soulevée de loin en loin par des taupinières lorsqu'elle n'est pas recouverte d'une végétation rase, drue et piquante. Alors que je progresse difficilement dans cette paille de fer, deux grands chiens jaune-orange, à queue blanche, abrités au creux d'un arbre mort, s'enfuient à mon approche avec des mines de chacals.

Si l'on se tient à l'intersection du chemin caillouteux menant à la résidence d'Arafat et de l'avenue qui longe sur plusieurs centaines de mètres les ruines de la Mouqata'a, de l'autre côté de cette avenue le terrain accuse une forte pente qui donne à la vue beaucoup d'ampleur. Au crépuscule, cette vue dégagée, en direction de la mer, permet de suivre les variations de la lumière du jour jusqu'à l'extinction complète de celle-ci. Par temps clair, les couleurs qu'elle emprunte successivement sont généralement disposées en bandes horizontales superposées, et c'est sur ce fond coloré tendant vers le bleu sombre que se détache la silhouette d'un petit édifice très fragile, sans étages et sans voisinage, perché au bord du ravin et, la nuit tombant, éclairé au néon de l'intérieur, cet éclairage révélant des pyramides de fruits et de légumes assemblés avec art, ou du moins avec recherche, comme si le tenancier s'était efforcé délibérément d'harmoniser les formes et les couleurs de ses denrées. Beaucoup de ces fruits et légumes sont importés d'Israël ou de plus loin, et par conséquent peu accessibles au menu peuple, dont les premières habitations sont d'ailleurs assez éloignées. La boutique étant toute proche, en revanche, de la résidence d'Arafat, il est tentant d'imaginer qu'elle détient l'exclusivité de la clientèle du château, et que telle est la raison principale, voire unique, de sa présence en ce lieu excentré. Cependant, bien que j'y retrouve Damien, un photographe rencontré la veille de Noël sur le parvis de l'église de la Nativité, et avec qui je fais équipe pour quelques jours, aucun de nous deux n'osera vérifier cette hypothèse auprès de l'épicier, même après qu'il nous aura souhaité la bienvenue en nous offrant équitablement deux bananes encore un peu croquantes sous la dent.

Nous étions logés, Damien et moi, chez le curé de Ramallah. Proche de la place des Lions, le presbytère est situé à l'entrée d'une grande cour sur laquelle donnent également la façade de l'église catholique, flanquée de deux tours carrées, et celle de l'école paroissiale, dont le curé assure la direction. Toutes les pièces du presbytère sont distribuées de part et d'autre d'un long couloir : à gauche, en entrant, le bureau du prêtre, décoré de photos du pape en exercice, de son prédécesseur et de mère Teresa, en face de celui-ci une pièce de réception meublée d'un très grand nombre de chaises et d'une longue table – sur laquelle, comme dans tous les lieux de réception au Proche-Orient, sont disposées à intervalles réguliers des boîtes de kleenex –, puis des chambres à coucher, enfin dans le fond, sur la droite, une pièce assez vaste où se tient généralement la gouvernante du curé et qui fait office de cuisine et de salle à manger. La chambre mise à notre disposition est meublée quant à elle de deux lits monoplaces, d'un téléviseur un peu flou et criblé, d'un vélo d'appartement et d'une grande armoire qui ne ferme pas, débordante de soutanes et d'autres vêtements sacerdotaux. L'espace étant compté, le vélo d'appartement occupe le centre de la pièce. Si l'on se tient assis sur la selle par laquelle cette machine s'apparente visuellement à une bicyclette, il apparaît que le seul mouvement qu'elle autorise consiste à ramener vers soi le guidon droit puis à le repousser, exercice d'autant plus profitable qu'il met en œuvre un très grand nombre de muscles et ne les sollicite, au début tout du moins, qu'avec modération. Comme il est manifeste que le curé de Ramallah est dénué de toute coquetterie, et comme le nombre de cigarettes qu'il fume en une journée témoigne d'autre part d'une certaine insouciance pour sa santé, le vélo d'appartement ne peut être envisagé que comme un accessoire de son ministère, et plus précisément comme un instrument d'entretien ou de restauration de son énergie sacerdotale, sollicitée chaque jour non seulement par la messe et par les soins de l'école paroissiale, mais également par d'innombrables visites à domicile et d'autres démarches visant à maintenir la cohésion de la communauté et à détourner de leur projet les candidats toujours plus nombreux à l'exil. Ramallah, qui dans le passé abritait une majorité de chrétiens, en compterait encore entre 7 et 10 000, pour la plupart orthodoxes ou de rite grec. Les familles catholiques latines seraient au nombre de 375, d'après le curé, dont 127, faute de travail, n'auraient plus de ressources depuis au moins deux ans. Lui-même, Ibrahim Hidjazin, appartient à une tribu bédouine originaire du Hedjaz, sur le territoire de l'actuelle Arabie Saoudite, établie en Jordanie depuis des siècles et forte aujourd'hui de plusieurs milliers de membres parmi lesquels onze prêtres et une vingtaine de religieuses. Deux de ces dernières sont carmélites (je ne rapporte ces détails chiffrés que dans la mesure où l'on ignore généralement qu'un prêtre catholique puisse être bédouin, et a fortiori une carmélite). Après des études au séminaire latin de Beit Jala, puis à Rome, le père Ibrahim a fait partie, dans les années soixante-dix et quatre-vingt, de ces prêtres autorisés par le gouvernement du Soudan à revenir dans le sud du pays après l'expulsion des missionnaires étrangers. En véritable athlète de la foi, il conserve un souvenir enthousiaste de ces neuf ans passés à Malakal, dans des conditions matérielles certainement très éprouvantes, mais que compensaient largement, d'après lui, la ferveur et la simplicité de ses ouailles. De ces dernières, il dit qu'elles étaient « moins terrestres », donc « plus humaines et plus proches de Dieu », que toutes celles dont il eut à s'occuper par la suite. Et, tant qu'à faire, il préférerait de beaucoup retourner dans la fournaise du Sud-Soudan, à l'occasion sanglante, plutôt que de s'installer par exemple aux États-Unis, où vivent pourtant deux de ses frères, parmi quelque 35 000 chrétiens originaires de Ramallah, mais qu'il juge quant à lui irrémédiablement corrompus par l'« individualisme » et le « matérialisme ». Son peu de sympathie pour l'Amérique – et, dans une moindre mesure, pour l'Europe –, sa conviction que la civilisation matérielle de l'Occident est incompatible avec toute forme de spiritualité, le rendent d'autant plus sensible à la menace que l'exil fait peser sur l'existence même de la chrétienté palestinienne ou sur l'identité de celle-ci. (Dans ce rejet de l'Occident exprimé par beaucoup de prêtres palestiniens, il n'est pas facile de faire la part des convictions profondes et celle du tribut payé aux circonstances, à cet environnement arabe et musulman toujours enclin à soupçonner les chrétiens autochtones de collaboration avec l'ennemi. Mais il est indéniable que leur volonté d'enraciner le christianisme dans la culture arabe – voire dans la « culture musulmane », pour reprendre les termes paradoxaux du père Maroun, le directeur du séminaire latin de Beit Jala – est à la fois sincère et héroïque. Héroïque, elle l'est d'autant plus qu'elle ne désarme pas l'hostilité de leurs adversaires musulmans, pour lesquels il n'y a pas d'arabité possible en dehors de l'islam, et qu'elle s'oppose au désir de modernisation – donc d'occidentalisation, dans l'état actuel des choses et que cela plaise ou non – exprimé plus ou moins ouvertement par un nombre croissant de chrétiens palestiniens, même parmi ceux qui d'autre part revendiquent avec force leur identité arabe. Ainsi l'Église, en ignorant ou en minimisant ce désir de modernisation – ou cette affirmation du droit de vivre autrement –, par crainte d'être accusée d'hostilité à l'islam et de collusion avec l'Occident, prend-elle le risque d'amplifier ce mouvement d'exode qu'elle voudrait contenir ou inverser.)

Ce professeur à l'université de Bir Zeit, par exemple, est-ce que, déjà, il ne succombe pas peu ou prou au démon de l'occidentalisation, en consacrant une partie de la matinée du 31 décembre à la recherche d'une seringue pour injecter du beurre fondu dans sa dinde ? Et que dire de ses études à l'université américaine de Beyrouth, ou des dix ans passés par la suite aux États-Unis ? Enfin comment juger l'amertume ou la colère qu'il exprime en nous faisant découvrir à El Bire les ruines souillées de détritus, dominées par une mosquée neuve – ou récente –, de ce qui dut être une église successivement byzantine, puis franque ? La municipalité et l'Autorité palestinienne, tempête-t-il, « devraient avoir honte » de l'état d'abandon de ces vestiges : quelques moignons de piliers, un morceau d'abside et un baptistère émergeant d'une fosse rectangulaire en contrebas de la chaussée. « Je ne m'indigne pas en tant que chrétien, insiste-t-il, mais en tant que Palestinien : ce pays n'a-t-il pas été chrétien plusieurs siècles avant de devenir musulman, et ce monument, oui ou non, fait-il partie de son histoire ? » Cette sévérité peut paraître excessive, ne serait-ce que dans la mesure où l'Autorité, débordée de toutes parts, molestée par les Israéliens, a bien d'autres chats à fouetter que l'entretien ou la restauration des monuments historiques. L'Autorité... Avec une violence dont se gardent en général ses coreligionnaires, au moins publiquement, il la juge comme « une bande de bons à rien et de voleurs », cédant au chantage de « quelques idiots fondamentalistes » et incapable de tenir un cap. « Arafat dit une chose et ses ministres en font une autre : ainsi Noël est-il en principe un jour férié, mais en réalité, cette année, toutes les administrations sont restées ouvertes. Et les textes qui émanent de l'Autorité sont placés de plus en plus souvent sous l'invocation d'« Allah le tout-puissant et le miséricordieux »...

De ce qui précède, on aurait tort de conclure que le professeur est un mauvais patriote. N'a-t-il pas fait le choix de revenir en Palestine après son long séjour aux États-Unis ? Et chaque fois que l'occasion s'en présente – que l'on croise sur la route une colonne motorisée de l'armée israélienne, qui dispose de Ramallah comme d'une ville conquise, ou que l'on aperçoive sur une hauteur les bâtiments de la colonie de Psagot, d'où des tireurs auraient ouvert le feu sur des visiteurs du cimetière musulman situé en contrebas –, il exprime son rejet de l'occupation avec encore plus de véhémence qu'il n'en a manifesté tout à l'heure vis-à-vis de l'Autorité.

À propos du réveillon – nous étions, après tout, le 31 décembre –, William nous avait prévenus : les soirées spéciales prévues de longue date dans quelques établissements de la ville étaient jusqu'à nouvel ordre annulées, ou suspendues, par suite des menaces émanant d'un groupe que nul ne pouvait ou ne voulait identifier, mais dont il paraissait tout de même avéré que c'était au nom de l'islam qu'il avait fulminé cette interdiction de se réjouir. Officieusement, le motif invoqué était l'exécution par un commando israélien, le jeudi 27 décembre, en plein jour et sur la place des Lions, de trois militants palestiniens d'un groupe radical. Mais, une fois de plus, ce deuil unilatéralement décrété tombait à point nommé pour interdire une célébration en vérité païenne – celle du nouvel an – mais susceptible d'être envisagée comme chrétienne, dans la mesure où elle se réfère au calendrier grégorien, et en tout état de cause non islamique. Une fois de plus, c'était donc au détriment des chrétiens, et plus généralement des mécréants, que s'exerçait le chantage patriotique : si vous ne renoncez pas, de vous-mêmes ou sous la contrainte, à la célébration de vos propres fêtes, c'est que vous êtes de mauvais Palestiniens, puisque la Palestine, comme par hasard, sera en deuil ce jour-là. Mais la Palestine n'est-elle pas en deuil tous les jours ? S'en passe-t-il un seul sans que des combattants, identifiés comme des terroristes, soient abattus par les Israéliens ? William faisait observer que le mois de Ramadan n'avait pas été moins endeuillé, de ce point de vue, et que cela n'avait pas empêché les musulmans de célébrer avec éclat, à Ramallah notamment, la fin de celui-ci. Après des études au séminaire latin de Beit Jala en vue de devenir prêtre, William avait bifurqué vers le prêt-à-porter, moins par défaut de vocation, semble-t-il, que pour des raisons familiales. Pur produit du catholicisme palestinien et de son Église – dont la loyauté vis-à-vis de Yasser Arafat ne s'est jamais démentie, pas plus que la bienveillance que celui-ci lui témoigne en retour –, il ne tarissait pas d'éloges apparemment sincères au sujet de l'Autorité et de ses bonnes intentions proclamées, illustrées récemment par la cérémonie solennelle qui le 23 décembre avait rassemblé à la Mouqata'a plusieurs centaines de chrétiens conduits par leurs évêques. En même temps, et contradictoirement, il soulignait combien les menaces proférées contre les célébrations du nouvel an étaient révélatrices, parmi bien d'autres indices, de l'impuissance des autorités à faire respecter l'ordre public et les droits des minorités, à supposer qu'elles s'en soucient. Tout patriote qu'il fût, et discipliné par surcroît, voire un peu conformiste, il convenait aussi, non sans détours, de ce que « les chrétiens avaient peur parce qu'ils étaient une minorité ». Enfin c'est de William que nous tenions le nom d'un restaurant, l'Eldorado, susceptible sinon d'enfreindre au moins de contourner l'interdiction de réveillonner.

Après avoir localisé l'Eldorado, nous y sommes passés une première fois, dans l'après-midi, afin de vérifier l'information communiquée par William. Le patron, ou le gérant, nous a reçus tout d'abord avec circonspection, insistant sur le fait qu'il n'avait pas prévu de réveillon mais un simple dîner, ayant décommandé toutes les fioritures musicales et festives initialement prévues afin de se conformer peu ou prou aux exigences de ce groupe innommé. Après tout, dans ce qui apparaissait désormais comme la capitale de l'Autorité, puisque son chef y était assigné à résidence, on ne pouvait tout de même pas interdire aux gens de bouffer. Puis l'homme nous a délivré deux billets sur lesquels était imprimé le menu du jour, mais en insistant pour que nous ne les montrions à personne, sous le prétexte invraisemblable qu'un concurrent peu scrupuleux pourrait s'emparer de ses idées (dont aucune n'était beaucoup plus originale, ou beaucoup plus fastueuse, que celle de conjuguer le poulet rôti avec des frites) : en vérité, il craignait manifestement de s'attirer les foudres des ayatollahs de pacotille si ce menu imprimé venait à tomber entre leurs mains. Dans la soirée, nous avons patienté, Damien et moi, dans notre chambre au presbytère, en zappant sur les deux ou trois chaînes locales que captait de mauvaise grâce le téléviseur. L'une d'entre elles présentait un clip interminable et d'abord incompréhensible, dans lequel une très jeune et jolie femme, voilée des pieds à la tête mais le visage découvert, prenait un certain nombre de gens à témoin de l'heureux événement qu'annonçait la courbure de son ventre. Tout ce monde était vêtu à la mode biblique. Puis le ventre de la jeune femme souriante devenait peu à peu luminescent, et on comprenait que c'était un Dieu qu'elle portait. Il s'agissait par conséquent de la Vierge Marie, et d'un clip programmé par une chaîne chrétienne palestinienne. Tout cela aurait été plutôt réjouissant si le clip n'avait mis en scène aussi quelques méchants qui, bien loin de s'enchanter comme les autres de cette promesse d'enfantement divin, fuyaient à l'approche de la Vierge en grimaçant, vraiment hideux avec leur vilain nez crochu, puis trébuchaient, d'autant plus inévitablement qu'ils ne se déplaçaient qu'à reculons, et, patatras ! s'étalaient ridiculement les quatre fers en l'air, entraînant dans leur chute les étranges cylindres dont ils étaient embarrassés : lesquels, à la réflexion, ne pouvaient être que les rouleaux de la Torah.

En début de soirée, à l'heure qui est en temps normal celle du dîner, il s'est fait dans la rue un grand vacarme, peut-être ponctué de quelques détonations, auquel nous n'avons pas prêté d'attention particulière, une ville dans la situation de Ramallah étant inévitablement coutumière des tumultes. Un peu après 10 heures du soir, par des rues généralement sombres et à peu près désertes, où aucun signe de liesse ne risquait d'offusquer les yeux ou les oreilles des croyants, nous nous sommes dirigés vers l'Eldorado, qu'en arrivant nous avons trouvé plongé comme tout le reste dans l'obscurité. Notre inquiétude en fut d'autant plus vive que nous commencions à avoir faim, pour le coup. Après avoir longuement tambouriné contre la porte vitrée, nous vîmes sortir de l'ombre un jeune homme hésitant, pas rassuré, qui en fin de compte nous fit entrer, mais sans allumer la lumière et en refermant aussitôt la porte derrière nous : un peu plus tôt, à l'heure où nous avions entendu du vacarme dans la rue, un cortège de vociférateurs, armés de gourdins, avait effectivement fait le tour des quelques restaurants et autres lieux de débauche du centre-ville pour leur enjoindre de fermer. Le jeune homme, qui était un employé de la maison, avait invité les braillards à vérifier par eux-mêmes qu'il ne se préparait à l'intérieur rien de plus attentatoire aux mœurs qu'un dîner, mais ils avaient décliné cette proposition et réitéré leurs exigences, et le patron du restaurant, plutôt que de voir ses vitres voler en éclats et son personnel molesté, avait obtempéré, quitte à perdre ce qui devait représenter près de la moitié de sa recette du mois dernier. « Désormais, commentait le jeune homme, nous sommes occupés de l'intérieur comme de l'extérieur. » Lui-même était musulman – ce qui faisait ressortir, une fois de plus, combien les musulmans non bigots s'avéraient plus déterminés que les chrétiens dans leur résistance aux islamistes –, et quelques mois auparavant l'un de ses frères avait été tué par les Israéliens lors de l'occupation du camp de Jénine, devenant de ce fait un martyr. Mais même cet argument avait été balayé par les combattants de la vertu qui, après l'Eldorado, s'étaient dirigés vers d'autres lieux afin d'y propager sous la menace le silence et l'ennui. Ainsi la ville était-elle effectivement privée de réjouissances par la volonté d'un petit groupe obscur et véhément que personne ne voulait nommer : mais le plus grave, somme toute, c'est que ni le lendemain ni dans les jours qui suivirent aucune dépêche d'agence, même de trente mots, ne vint rapporter ce fait divers, aucune condamnation de celui-ci ne tomba des lèvres du reclus de la Mouqata'a, alors que cet abus s'était produit sous son nez, et, plus étonnant encore, aucun communiqué n'émana de l'une ou l'autre de ces ONG pourtant particulièrement bien représentées à Ramallah, et habituellement si sourcilleuses sur le chapitre des droits de l'homme.

Pour quelque raison mystérieuse – soit qu'il ne fût pas tenu par des chrétiens, soit que le patron eût acquitté une taxe spéciale, ou encore, tout simplement, par hasard –, un autre restaurant, dans le même quartier, était resté entrouvert, sa grille tirée à demi afin de pouvoir fermer rapidement en cas de nouvelle alerte. Deux ou trois familles, vraisemblablement musulmanes à en juger par leur sobriété, y dînaient de pizzas arrosées de Sprite. En sortant de cet établissement, Damien et moi, nous nous sommes dirigés vers la place des Lions, où une horloge lumineuse permettait de suivre le progrès du temps et de guetter l'arrivée de la nouvelle année. Au centre de la place, les abords de la fontaine étaient encombrés de banderoles appelant – en anglais – à la « poursuite de l'Intifada jusqu'à la victoire » et à la réforme de l'Autorité. À l'angle de la rue menant à la Mouqata'a, les murs étaient couverts d'affiches fraîchement posées, encore toutes ruisselantes de colle, à l'effigie de Yasser Arafat. Aussitôt après minuit, une vingtaine de jeunes gens, certains à pied, d'autres en voiture, poussèrent sans conviction quelques clameurs ou esquissèrent un pas de danse autour de la fontaine, tandis qu'une demi-douzaine de fusées d'artifice s'élevaient en chuintant des immeubles voisins. Puis ce fut de nouveau le silence et l'obscurité.

Pendant ce temps, le père Ibrahim achevait de dire sa messe. Quand nous sommes arrivés, il en était à la consécration, un moment dont il accentuait le caractère dramatique en marmottant des sortes de cris étouffés, douloureux, dont peut-être l'idée lui avait été inspirée, jadis, par le climat un peu ensorcelé de Malakal. L'assistance était dense, bien mise, avec une proportion importante de jeunes gens, les garçons en veste de cuir et, pour certains, le keffieh autour du cou, les filles en jupe courte et en bottes. Beaucoup portaient des croix argentées ou dorées en sautoir. À la sortie de la messe, la plupart des fidèles se retrouvèrent dans la salle de réception du presbytère, autour de la longue table garnie de boîtes de kleenex. Le père Ibrahim ayant déjà retrouvé sa cigarette, son visage d'homme bon et coriace était environné de volutes bleues. Des tasses de café circulèrent, des souhaits furent échangés, ainsi que des embrassades et des poignées de main. Un petit homme, la soixantaine, originaire de Jaffa d'où sa famille avait été chassée lors de la création de l'État d'Israël, aujourd'hui propriétaire à Ramallah d'une boutique de photocopie ruinée par la seconde Intifada, vint m'interroger sur mon travail et me mettre en garde contre les persécutions que « les juifs », selon lui, ne manqueraient pas de m'infliger. À vrai dire, il soupçonnait même qu'ils parviendraient à empêcher la publication de mon livre, pour autant que celui-ci décrirait l'occupation sous son vrai jour. « Remember me ! » me répéta à plusieurs reprises le petit homme, sur un ton prophétique et en m'agitant amicalement son index sous le nez.

Pour mesurer à quel point l'actuel découpage de la Cisjordanie ne tient pas debout, il suffit de consulter n'importe quel pli de la carte routière publiée sous le titre « Israël : the new road atlas » par les éditions MAP, et qui est de très loin la meilleure dans sa catégorie. La zone A – réoccupée aujourd'hui dans sa quasi-totalité par les Israéliens, mais appelée sans conteste à retourner sous le contrôle de l'Autorité – y est figurée en brun clair, la zone B – sur laquelle les Israéliens exercent un contrôle militaire et policier qui ne semble pas près d'être levé – en jaune paille, et le reste du territoire cisjordanien en blanc. Si l'on consulte par exemple les plis 34 et 35, on observe que la zone de Jéricho, colorée en brun clair, y dessine au milieu du blanc une sorte d'estomac ballonné, que prolonge en direction du nord un long et sinueux pseudopode tendant douloureusement, mais sans parvenir à les rejoindre, vers deux poumons maladifs situés à cheval sur le pli 29, également colorés en brun clair et séparés l'un de l'autre par un large sillon médian qu'emprunte la route principale n° 80, de laquelle émane tout un réseau de routes secondaires dont la carte précise qu'elles sont « à usage militaire exclusivement ». Seuls des négociateurs ivres ont pu concevoir sur un coin de table un dispositif aussi extravagant, et, bien entendu, aucun « État viable » ne saurait se développer, ni même végéter, sur un territoire ainsi éparpillé et cloisonné (à la réflexion, on se demande comment les accords qui ont présidé à de tels découpages ont pu donner à quiconque l'illusion que le problème avait progressé vers sa solution). Le lieu-dit Rimonim Junction, à l'intersection de la route n° 458 et d'une route secondaire dépourvue de numérotation, apparaît dans l'angle supérieur gauche du pli 34, à la lisière d'une zone blanche – empty quarter – et d'une zone jaune paille, où devrait par conséquent s'exercer une souveraineté palestinienne limitée.

Vers 3 heures de l'après-midi, le mercredi 1er janvier 2003, j'atteins Rimonim Junction à bord d'un taxi collectif jaune – donc palestinien – en provenance de Qalandya. De ce point, par le temps printanier qui règne en cette après-midi du 1er janvier, la vue portant loin dans toutes les directions, on distingue vers l'est la muraille bosselée, ravinée, que les monts de Moab présentent à la vallée du Jourdain, et plus au sud un nuage de vapeur s'élevant au-dessus de l'emplacement présumé de la mer Morte. Autour de Rimonim Junction s'étend un de ces paysages que le sens commun qualifie de biblique, mais avec quelques pièces rapportées : un plateau rocheux parfois aride et broussailleux, accueillant dans ce cas aux chèvres et aux moutons, parfois aménagé en terrasses plantées d'oliviers ou d'autres cultures, dominé par des collines plus ou moins élevées, couronnées pour certaines par des villages ou d'autres groupements humains. Au nord-ouest et dans le lointain, la colonie juive d'Ofra, que surplombent des installations militaires hérissées d'antennes et de radômes. Puis le village arabe de Ramun, isolé sur un éperon rocheux, et les deux villages jumeaux, arabes l'un et l'autre, de Deir Jrir et de Taybeh. Tout cela du côté gauche de la route n° 458. Sur la droite s'élève à peu de distance une colline coiffée par une autre colonie juive, Rimonim, aux dimensions beaucoup plus modestes que celle d'Ofra. Comme il n'est pas, dans ce pays, de lieu innocent, il s'avère que la femme d'un colon de Rimonim a été assassinée récemment à hauteur de cette intersection : par un de ses pairs, disent les Palestiniens ; par des terroristes, rétorquent les Israéliens. Toujours est-il qu'une femme, juive, a été assassinée, et que son corps a été retrouvé là. Au-dessus du lieu du crime, sur le côté droit de la route n° 458, se dresse un mirador d'où un soldat israélien surveille les alentours. Bien qu'on le distingue mal, il semble qu'il s'agisse d'une femme. Il ou elle m'observe tandis que je m'extrais maladroitement du taxi jaune, avec mes bagages, après avoir constaté que la route menant à Taybeh était désormais impraticable, barrée à hauteur de l'intersection par un talus de terre et de rochers. Puis de nouveau, un peu plus loin, par une tranchée. Est-il possible, cependant, de l'emprunter à pied ? Du haut de son mirador, le soldat indistinct fait signe que oui.

De cette intersection au village, il doit y avoir trois ou quatre kilomètres, sur un terrain tantôt plat et tantôt accidenté, tantôt nu et tantôt planté d'oliviers. Tout ce qu'on y rencontre de plus bruyant et de plus agité, ce sont des oiseaux d'ailleurs très clairsemés, et dans le lointain quelques tracteurs. Sans doute, il y a le mirador, qui jamais ne vous perd de vue, et au-delà les villages, les colonies, les radômes, même, d'où vraisemblablement un grand nombre de paires d'yeux ou de jumelles vous observent, mais on éprouve malgré tout un certain réconfort, une fois parvenu à mi-chemin de Taybeh et déjà fourbu, à l'idée qu'aucun de ces points, disséminés sur un terrain découvert, n'est à portée de fusil de l'un des autres, et qu'ainsi leurs occupants respectifs ne peuvent être tentés de se tirer dessus à l'improviste. Plus on approche de Taybeh et du village voisin de Deir Jrir, plus se précise ce qui les distingue : la silhouette d'un minaret au-dessus du second et celle de trois clochers au-dessus du premier. Les trois clochers dominent trois églises respectivement orthodoxe, latine (catholique romaine) et melkite (catholique de rite grec). En haut de la dernière côte, éprouvante, qui mène à Taybeh, on remarque sur un pan de mur, en lieu et place de l'habituel portrait de martyr, un dessin polychrome et grandeur nature du père Noël.

Chaque soir, le père Raed, curé de Taybeh, va rendre visite à quelques-uns de ses paroissiens. Bien que les distances, à l'intérieur du village, ne soient pas considérables, il se déplace toujours au volant d'une Volkswagen noire d'un modèle assez chic, et vêtu invariablement, par-dessus sa soutane, d'une parka noire. Comme Taybeh se trouve en altitude et qu'il y fait froid, en hiver, sitôt la nuit tombée, le père Raed, en descendant de sa voiture, saute volontiers sur place pendant quelques secondes à la manière d'un boxeur. Chez un autre, ces petits sauts pourraient sembler ridicules, mais pas chez lui, peut-être parce qu'il présente un caractère globalement juvénile, auquel cette gymnastique est parfaitement accordée. Encore nouveau dans le village, le père Raed se fait accompagner dans ses visites par un séminariste français en stage auprès de lui, et par une sorte de chef du protocole connu sous le nom d'Abou Johnny. Cet Abou Johnny, qui n'a rien à voir avec celui de Bethléem, est un notable local dont une partie de la famille vit aux États-Unis, à commencer par sa femme et son frère, ce dernier exerçant le métier de cardiologue à Los Angeles. Par la suite, il s'avérera que presque tous les habitants de Taybeh ont de la famille à l'étranger, au point que pour douze à quinze cents natifs du village restés sur place, on en compterait de six à dix fois plus expatriés dans le reste du monde, et pour la plupart aux États-Unis. Le rituel des visites est à peu près immuable quels que soient la taille de la famille visitée ou son niveau de ressources, celui des habitants de Taybeh paraissant d'ailleurs assez homogène (la seconde Intifada et la énième occupation ayant pratiquement paralysé toute activité économique organisée, c'est à la taille de sa maison, presque toujours inachevée, que l'on mesure le statut social d'une famille). La conversation, à laquelle hommes et femmes participent à part égale, et qui porte classiquement sur la santé des plus vieux, la croissance des plus jeunes, les difficultés matérielles des uns et des autres ou la situation politique, se déroule autour d'une table garnie des inévitables boîtes de kleenex. Le prêtre et les autres visiteurs se voient offrir du café, des liqueurs, des petits gâteaux ou des quartiers de fruits. Parfois la télévision joue en sourdine, et toujours la pièce principale est chauffée, plus ou moins, par un poêle à gaz ou un radiateur à résistance que l'on oriente si possible dans la direction du prêtre. Le chef de la première famille visitée, le mercredi 1er janvier, est un petit entrepreneur qui possède un taxi collectif et plusieurs autocars affectés notamment au ramassage scolaire. Coiffé d'un keffieh, il est entouré de deux jeunes couples et de leurs enfants, ces derniers ne se sentant pas obligés, une fois les présentations faites, d'accorder une attention trop soutenue à ce que racontent les adultes. Comme beaucoup de gens dans le village, le vieux ne doute pas que Taybeh, qui ne serait autre que l'Ephraïm de l'Évangile de Jean, ait accueilli le Christ de son vivant et reçu favorablement sa prédication. Le vieux s'enorgueillit également de l'étendue des terres possédées par le village : environ 24 000 hectares, qui s'étendraient jusqu'à la vallée du Jourdain, plantés entre autres choses de plus de 200 000 oliviers. Et tout cela, souligne-t-il, appartient en totalité à des familles chrétiennes qui prennent soin de ne jamais vendre à des musulmans. Il est vrai que Taybeh est sans doute le dernier village rural de Palestine à compter une population chrétienne homogène, alors que les noms d'une cinquantaine d'autres villages de la région attestent, d'après le vieux, qu'ils ont été chrétiens dans le passé. Ce sentiment d'antériorité est souvent et fièrement exprimé par les chrétiens palestiniens, en particulier parmi les plus modestes, sans que l'Église y trouve à redire, en dépit de la volonté qu'elle manifeste par ailleurs d'éviter tout ce dont la communauté majoritaire pourrait s'aviser de prendre ombrage. Mais l'Église ne peut, cependant, dépouiller ses ouailles de leur histoire ou de leur mythologie, même si elle s'abstient désormais d'évoquer les persécutions ou les vexations endurées par leurs ancêtres au cours des siècles, comme elle le faisait encore dans un passé récent. (Voir à ce sujet la brochure de Pierre Medebielle publiée en 1993, sous le titre *Ephrem-Taybeh et son histoire chrétienne*, par l'Imprimerie du Patriarcat latin de Jérusalem, dans laquelle est dénoncé l'« esclavage musulman séculaire » subi par les chrétiens palestiniens, dénonciation étayée par des exemples comme celui-ci, qui se situe à Beit Jala au milieu du XIXe siècle : « Mais ce qui était pire c'est que ces musulmans venaient en grand nombre tous armés, s'imposaient dans une maison et ordonnaient qu'on leur tuât un mouton ou deux selon leur nombre [...]. Si [le maître de maison] refusait ou s'il mettait trop de temps à préparer le dîner, on l'assommait de coups, on le menaçait d'aller couper ses arbres. » Récit évidemment peu compatible avec la conception désormais hégémonique d'une Palestine où toutes les communautés vivaient en bonne intelligence, et presque sur un pied d'égalité, jusqu'à l'irruption brutale des sionistes.) À propos du village voisin, et musulman, de Deir Jrir, le vieux précise que les relations sont bonnes mais que c'est « chacun chez soi ». Il se plaint de l'occupation israélienne – même si le village, quant à lui, n'a connu cette année que vingt minutes de couvre-feu... – qui a rendu presque impossibles les exportations d'huile d'olive. Les propriétaires qui persistent à faire presser leur récolte ne savent plus quoi faire de leurs stocks, et payent en bidons d'huile les frais de scolarité de leurs enfants : le prêtre, qui est aussi le responsable du collège catholique, se trouve ainsi à la tête de plusieurs milliers de litres d'huile d'olive. Nul ne fait allusion aux subsides que font parvenir les parents émigrés en Amérique ou dans d'autres parties du monde, bien que le vieux, par exemple, ait deux frères dans l'Ohio, un fils dans le Michigan, et que lui-même ait séjourné à plusieurs reprises aux États-Unis et dispose apparemment d'une carte verte. « Si les jeunes du village pouvaient obtenir des visas, conclut le vieux, tous partiraient », et cette formule sera reprise comme un leitmotiv par la plupart des villageois que je rencontrerai par la suite.

La dernière visite de la soirée est pour l'ancien prêtre orthodoxe, âgé de soixante-dix-huit ans et retraité. Avant de pénétrer chez lui – non sans avoir au préalable longuement appelé et tambouriné sur la porte, car le vieux prêtre orthodoxe est un peu sourd, et peut-être modérément enclin à recevoir la visite d'un prêtre catholique nouveau venu – le père Raed procède à ses habituels mouvements de gymnastique. La maison étant située sur les hauteurs du village, on distingue tout autour de celui-ci, dans la nuit noire, les lumières groupées signalant les colonies d'Ofra et de Rimonim, vers le sud celles des faubourgs de Jérusalem, et vers l'est, au-dessus des monts de Moab, le halo lumineux qui marque l'emplacement de la capitale jordanienne.

Le vieux prêtre orthodoxe est de prime abord assez grognon, mais il semble qu'il s'agisse d'un trait de caractère permanent plutôt que d'une manifestation schismatique. Son épouse lui tient compagnie. Peut-être l'humeur chagrine du vieux prêtre tient-elle à ce que son fils a opté pour un métier laïque, interrompant ainsi une tradition familiale honorée depuis près de trois siècles, et dont il espère qu'elle sera reprise par son petit-fils. Œcuménique, le père Raed explique que, localement, latins et orthodoxes se sont entendus pour célébrer Noël selon le calendrier des premiers et Pâques selon celui des seconds, mais son interlocuteur n'opine que de mauvaise grâce, pinaillant que le strict respect de ce calendrier commun l'amènerait à multiplier exagérément les jours de jeûne. (« Il est sympathique, commentera par la suite le père Raed, mais un peu fanatique, comme tous les orthodoxes. ») L'un et l'autre, en revanche, sont d'accord pour corroborer la thèse, historiquement très fragile, selon laquelle les habitants d'Ephrem-

Taybeh auraient été les premiers disciples du Christ, exception faite des apôtres, et seraient restés fidèles à sa doctrine, sans discontinuité, jusqu'à nos jours. Puis, toujours à l'unisson, les deux prêtres se lancent dans une diatribe contre l'Amérique – évidemment manipulée par le sionisme, comme d'ailleurs le monde entier – qui a quelque chose de dérisoire si l'on songe qu'une très grande majorité d'habitants de Taybeh a choisi de s'expatrier dans ce pays maudit, et que la plupart de ceux qui restent n'aspirent qu'à les y rejoindre (même si, lors d'une autre visite, un vieux paroissien qui avait séjourné en Amérique a estimé devant nous que les habitants de ce pays étaient « comme des chèvres sans berger »).

« Israël, enchaîne le prêtre catholique, n'est qu'une goutte d'eau dans l'océan du monde arabe, un corps étranger à la région, et qui sera rejeté par celle-ci. »

« Derrière chaque problème que le monde a connu, renchérit le prêtre orthodoxe, vous trouverez toujours le doigt des juifs. Ils sont si opiniâtres qu'ils se sont querellés même avec Dieu. »

En avril 2002, lorsque l'église de la Nativité fut assiégée par l'armée israélienne, le père Raed exerçait la fonction de chancelier, ou de porte-parole, du patriarcat latin de Jérusalem. À ce titre, aussitôt après le début du siège, il fit des déclarations rapportées en ces termes par *Le Monde* dans son édition datée du 5 avril : « Bethléem est en état de siège [...]. Les gens se terrent, les Israéliens tirent à tout propos, il y a des morts dans les rues, des blessés, et les ambulances sont empêchées de circuler. Dans cette situation, environ cent cinquante personnes terrifiées, certaines blessées, dont des femmes et des enfants, se sont précipitées dans l'église [...]. Parmi elles, il n'y a que quelques militants armés. » Par la suite, cette version des faits sera très rapidement infirmée, *Le Monde* parlant dès le 7 avril de « quelque deux cents combattants palestiniens et quelques civils », puis, le 11, de « deux cents Palestiniens, policiers pour la plupart ». Aujourd'hui, à ma connaissance, plus personne ne conteste que les simples passants, s'il y en eut, ne représentaient qu'une faible proportion des assiégés. (« Lors de l'évacuation de l'église, peut-on lire dans un article du *Monde* daté du 21 mai, une centaine d'armes ont été retrouvées. »)

Le siège de la Nativité n'est pas la seule circonstance dans laquelle le père Raed ait pris quelques libertés avec la vérité, ou avec la réalité, ces deux notions n'étant pas nécessairement indissociables, au moins du point de vue de quiconque sert une cause envisagée comme supérieure. Ainsi lorsqu'il affirme que les chrétiens ne sont pas une minorité en Palestine (et ne nécessitent donc aucune protection particulière à ce titre), le père Raed a-t-il si peu le sentiment de pécher contre la vérité qu'il a polémiqué sur ce thème, publiquement, avec un chroniqueur du quotidien israélien *Haaretz*. Et de même lorsqu'il soutient, cette fois lors d'un entretien privé, qu'« ici, nous n'avons jamais eu peur des musulmans ». (Beaucoup de fierté entre dans cette affirmation, étayée par des considérations peu contestables sur le rôle des chrétiens locaux dans la transmission de l'héritage grec, et plus généralement dans l'épanouissement de la civilisation arabe des premiers siècles de la conquête.) « Plus nous contribuerons à la lutte de libération, ajoute le père Raed lors de ce même entretien, plus nous aurons un rôle important dans le futur. »

De ce qui précède, il ressort que ce n'est ni par pleutrerie ni par ignorance, ou par aveuglement, que l'Église latine de Palestine a choisi de tirer le voile sur certains aspects déplaisants de la réalité, mais au terme d'un pari, inévitablement risqué, sur ses chances de survie, et parce qu'elle estime apparemment, de concert avec Rome, que son maintien, dans cette partie du monde d'où elle tire ses origines, passe avant toute autre considération. Évidemment, il n'y a rien là de méprisable ou d'odieux. Le patriarche lui-même, Mgr Michel Sabbah, éclaire ce point de vue dans un entretien accordé en janvier 2003 au magazine catholique *Croire Aujourd'hui*, lorsqu'il déclare, en réponse à une question sur les dangers de l'intégrisme musulman, qu'« il s'agit [pour lui et pour son Église] de vivre au mieux la réalité dans laquelle Dieu m'a mis. Je n'ai que deux choix possibles : accepter cette réalité et rester, ou bien partir. Alors à quoi sert de venir nous dire : "L'islam est un danger, ils vont vous faire disparaître [...]" ? À supposer même que cela soit vrai, est-ce utile de me faire peur ? La peur me rendra plus faible [...] ».

Proposition à laquelle fait écho cette phrase du père Raed : « Le jour où nous nous sentirons étrangers [ou minoritaires ?], nous allons perdre. » Et il ajoute : « Si je devais rester le dernier chrétien palestinien, alors je me marierais et je recommencerais. »

Le Las Vagas (*sic*) est à ma connaissance le seul café de Taybeh, et c'est un établissement très rustique : une salle rectangulaire chauffée par un poêle à bois, avec dans le fond une sorte de coin cuisine, quelques tables et un peu plus de chaises, une ou deux affiches représentant des chanteuses arabes de variétés et un grand chromo de la Crucifixion. Le seul luxe de cet établissement consiste dans un aquarium occupé par un poisson rouge solitaire. Chaque jour que Dieu fait, dans la matinée, une poignée d'hommes adultes, la plupart coiffés de keffiehs, tuent le temps au Las Vagas en jouant aux cartes ou au backgammon. Parmi ceux qui ne portent pas de keffieh, c'est-à-dire parmi les plus jeunes, l'un des plus assidus est un type élégant, finement moustachu, qui a fait plusieurs années d'études de management à l'université palestinienne de Bir Zeit, près de Ramallah, et que les hasards de l'existence ont amené jadis à passer quelques semaines à Roubaix. Plus récemment, avant le déclenchement de la seconde Intifada, il travaillait comme croupier au casino de Jéricho, un établissement qui employait alors plusieurs dizaines d'habitants du village. Comme la plupart de ceux-ci – et comme la totalité des employés du casino – il est aujourd'hui sans travail. L'un de ses interlocuteurs habituels, au Las Vagas, est un type âgé comme lui d'une trentaine d'années, et présentant d'autre part une lointaine ressemblance avec Robert DeNiro. Par la suite, il s'avérera que DeNiro est le frère de l'actuel prêtre orthodoxe du village, et qu'il possède un camion avec lequel il transportait toutes sortes de marchandises, en particulier des matériaux de construction, jusqu'à ce que le bouclage des territoires le contraigne à l'immobilité. À propos de bouclage, DeNiro raconte comment sa fille, âgée de cinq ans, avait pris l'habitude de se rendre avec son école dans un parc de loisirs situé à Jéricho, le parc Papaïe – un truc formidable, qui d'après lui avait coûté « des millions de dollars » –, comment elle lui demande sans cesse d'y retourner, et combien il se désole de ne pouvoir lui faire ce plaisir, ni même lui expliquer pourquoi ce parc de loisirs est désormais inaccessible aux enfants. Dans ces conditions, commente-t-il, « si le consul des États-Unis venait à Taybeh et distribuait des visas, il ne resterait plus personne dans le village, au moins parmi les jeunes ». D'autant que les garçons, d'après lui, ne parviennent que rarement à se marier, les filles, quand elles ont le choix, préférant épouser des expatriés, comme l'ont fait deux de ses sœurs qui vivent désormais à Los Angeles.

C'est au Las Vagas que, de la bouche du croupier, j'entends mentionner pour la première fois l'incident qui le lendemain du nouvel an, en début de soirée, aurait opposé brièvement des jeunes gens venus du village voisin de Deir Jrir, armés de bâtons, à quelques habitants de Taybeh attardés dans la rue principale. Dans un premier temps, ce genre d'incidents intercommunautaires fait presque toujours l'objet d'un black-out, ou au moins d'une grande discrétion – à la table du père Raed, le séminariste français, d'un air enjoué, fera brièvement allusion à une vague « histoire de filles » –, et ce n'est que petit à petit, à travers différents témoignages parfois contradictoires, échelonnés sur plusieurs jours, qu'il en émerge une version cohérente et relativement vraisemblable. De cet incident particulier, et dès sa première allusion à celui-ci, le croupier dit toutefois qu'il n'a rien d'exceptionnel et que c'est à la suite de la multiplication d'incidents semblables, notamment, que beaucoup de villages de la région de Jénine se sont vidés peu à peu de leur population chrétienne. Il fait observer que, dans de telles circonstances, les chrétiens ne peuvent réagir que mollement – lui-même dit « gentiment » –, non pas tant pour des raisons de principe que parce qu'ils ont peur. Dans les jours à venir, au Las Vagas et en d'autres lieux, il sera question de nouveau de cet incident, même si la plupart des villageois demeurent évasifs, et d'autant plus que ma présence, au-delà de 48 heures, et mon obstination à me mêler de ce qui de leur point de vue ne me regarde pas éveillent à la longue cette même défiance que j'avais déjà ressentie à Bethléem et en d'autres lieux. (À Ramallah, par exemple, il m'avait été presque impossible d'obtenir un récit circonstancié des échauffourées survenues l'année précédente, lorsque après une bagarre entre un commerçant chrétien et un « vagabond » – c'est le terme qu'employaient invariablement mes interlocuteurs – issu du camps de réfugiés de Qalandya, bagarre qui avait entraîné la mort du second, une foule de ses coreligionnaires avait attaqué des commerces tenus par des chrétiens, les locaux d'un club de scouts et jusqu'à l'église orthodoxe, celle-ci n'ayant échappé à leur fureur, semble-t-il, que grâce à l'interposition de musulmans du quartier, quant à eux aussi paisibles que déterminés. À Gaza, après m'avoir fait promettre de ne pas les identifier, des témoins me rapporteront avec circonspection des événements comparables à ceux de Ramallah, mais plus anciens, plus délibérés et de plus grande ampleur : là encore, lors d'une journée de liesse populaire – marquée, parmi d'autres hauts faits, par la destruction des trois cinémas de la ville –, une foule armée se disposant à faire un mauvais sort à quelques familles chrétiennes vivant à la périphérie d'un camp de réfugiés, des Bédouins du même quartier se seraient interposés avec succès. Il convient de préciser que les témoins qui m'ont décrit cet incident ne l'ont fait, dans leur candeur, que pour illustrer l'excellence des relations intercommunautaires, oubliant que si les Bédouins avaient pu faire preuve d'une si courageuse sollicitude à l'égard de leurs voisins chrétiens, ce n'était malgré tout que parce que d'autres musulmans, apparemment plus nombreux, se disposaient à les pogromiser.)

Vers l'ouest, le village de Taybeh donne sur un ravin au fond duquel fonctionne un bruyant atelier de taille de pierres. Un peu plus haut, sur la même pente, se tient une usine de dimensions familiales où est brassée une bière célèbre dans toute la Palestine, au moins là où les islamistes n'ont pas encore prohibé sa consommation. En ce début du mois de janvier, cependant, aucun son n'émane de la brasserie, soit que la bière se prépare désormais dans un profond silence, soit, plus vraisemblablement, que des problèmes logistiques liés à l'occupation, en amont ou en aval, aient interrompu sa production. Dans le lointain se voient le rebord oriental de la colonie d'Ofra, et au nord de celle-ci les antennes et les radômes de la base militaire toute proche. Si l'on franchit le ravin, on se retrouve bientôt sur une piste non revêtue gravissant le versant opposé, au milieu de terrasses plantées d'oliviers dont quelques-uns, massifs et ramassés comme des ceps géants, comptent parmi les plus beaux et les plus vénérables qu'il m'ait été donné de voir en Palestine. Au bout de dix ou quinze minutes de marche, on atteint à l'extrémité de cette piste un terrain assez régulier, probablement aplani à coups de bulldozer, sur lequel est bâti, ou plutôt ébauché, un édifice aux origines si mystérieuses qu'en dépit de mon indiscrétion je repartirai de Taybeh sans les avoir complètement élucidées. À l'entrée de cet édifice inachevé, il y a bien un panneau qui le désigne en deux langues comme l'Ermitage (ou le Monastry) Saint-Ephrem, mais aucun ermite ne s'y laisse voir, ni même deviner. D'ailleurs l'église (ou la chapelle), qui devait constituer l'un des deux éléments de cet ensemble, se limite à une coquille de béton aussi vide que béante, tandis que le second élément, sans doute l'ermitage promis par le panneau, est manifestement inhabité, d'ailleurs interdit d'accès par une clôture de barbelés, et d'autre part flanqué d'une tourelle carrée surmontée de trois croix et de quatre pavillons de haut-parleurs. Si, de ce promontoire, on regarde vers l'est, on constate qu'il se tient exactement en face du village de Deir Jrir, et sans doute un poil plus haut que celui-ci, de telle sorte que si l'église ou la tourelle voisine, sommée de croix et ceinte de haut-parleurs, étaient devenues opérationnelles, au lieu de rester muettes et inachevées, elles auraient occupé à tous égards une position dominante par rapport non seulement au village mais à la mosquée de Deir Jrir. Il n'est pas nécessaire d'être de parti pris pour observer que si les musulmans, dans ce pays comme dans beaucoup d'autres, construisent volontiers des mosquées jusque sur le parvis des églises, ils supportent extrêmement mal la réciproque. Il y a donc tout lieu de penser que la construction de l'ermitage Saint-Ephrem a fait l'objet d'un litige avec les habitants de Deir Jrir – sans doute recherché, d'ailleurs, par ses promoteurs, s'ils avaient la moindre notion du terrain où ils mettaient les pieds –, et ce qui tend à le confirmer, c'est que pendant les quelques dizaines de minutes que j'ai consacrées à cette visite, des enfants ou des adolescents du village musulman ont eu le temps de se rassembler et de progresser vers moi, à travers les vergers, à vive allure, avant de rebrousser chemin dès qu'ils m'auront vu faire de même. Cependant, lors de mes premières investigations à Taybeh, le seul renseignement que l'on voudra bien me communiquer, de mauvaise grâce, c'est qu'à l'origine de ce projet se trouverait un religieux français, un certain « frère Jacques », qui aurait disparu entre-temps. Curieusement, personne ne semble s'être soucié le moins du monde des causes de son départ soudain, ni de ce qu'il était devenu par la suite, ni même des raisons pour lesquelles il s'était lancé, apparemment seul, dans une entreprise aussi hasardeuse.

Non loin du Las Vagas, un peu plus haut dans le village, dans une petite maison carrée coiffée de la coupole traditionnelle, habite une veuve dont le visage porte les traces de multiples interventions chirurgicales. En fait, cette dame est borgne, à la suite d'une explosion survenue en 1977 dans le logement qu'elle occupait alors à Jérusalem. Après cette explosion, et en dépit de ses graves blessures, elle a été condamnée par la justice israélienne à une peine de huit ans de prison dont elle n'a purgé que le premier quart, ayant été libérée en 1979 dans le cadre d'un échange de prisonniers palestiniens contre un pilote israélien détenu au Liban. Dans le récit qu'elle fait de cette période de sa vie, elle tend à rendre les Israéliens responsables de la perte de son œil, bien que sa condamnation à huit ans de prison, par suite de cette mystérieuse explosion, suggère qu'elle n'était pas complètement étrangère aux causes de celle-ci. Une des choses qui me gênent, en Palestine, c'est qu'il manque trop souvent aux récits certaines pièces indispensables à leur compréhension. Enseignante de formation, la dame vit aujourd'hui avec sa fille à Taybeh, et travaille à Ramallah au ministère palestinien de l'Éducation. Pendant notre visite, et sur les instances du père Raed, sa fille nous présente une affiche reproduisant un dessin primé en l'an 2000 lors d'un concours organisé par le ministère auprès des enfants des écoles. Le dessin primé symbolise la Palestine sous l'aspect d'un olivier dont le tronc, évidé, abrite une Vierge à l'enfant. En hauteur, le tronc s'amincit pour prendre la forme d'un fusil d'assaut, dont le canon porte à son extrémité une croix et un croissant entremêlés. Dans le feuillage de l'arbre, des olives dessinent en pointillé les initiales de l'OLP.

Le vendredi 3 janvier, en fin de matinée, on célèbre dans l'église orthodoxe une messe marquant le quarantième jour après le décès, survenu au Guatemala, d'un homme originaire de Taybeh. À en juger par le nombre de gens qui assistent à cette cérémonie, parmi lesquels je reconnais tous ceux que j'ai rencontrés ou croisés depuis mon arrivée dans le village, il devait s'agir d'un personnage important. Dans l'église, les hommes occupent le côté droit de la nef et les femmes le côté gauche (il n'y a guère que dans les églises catholiques et romaines que les sexes se mélangent parfois). La messe est concélébrée par le jeune frère de DeNiro et par son prédécesseur retraité. Il s'agit d'une cérémonie assez majestueuse et fort longue, comme c'est souvent le cas dans l'Église orthodoxe, après laquelle tout le monde se réunit dans la salle paroissiale pour saluer les proches parents du mort et boire du café sans sucre. Puis une partie de l'assistance, sous la pluie, gagne le Las Vagas. Parmi d'autres habitués, on y reconnaît DeNiro et le croupier. L'un et l'autre disposent d'informations nouvelles, ou déclassifiées, et donc susceptibles de m'être communiquées, concernant l'incident survenu quelques jours auparavant. En fait, un premier incident aurait eu lieu le 31 décembre, des jeunes de Deir Jrir ayant fait irruption dans la rue principale de Taybeh pour y semer le trouble, en voiture, parmi les jeunes du village qui se disposaient à fêter le nouvel an. Selon certains témoignages, le « deuil de la Palestine » aurait été invoqué, comme à Ramallah, pour s'opposer à ces célébrations. Selon d'autres, les jeunes de Deir Jrir, comme le supputait le séminariste français, se seraient plutôt concentrés sur les filles. Quoi qu'il en soit, ils se seraient fait virer par les jeunes de Taybeh. Le lendemain, en représailles, ils seraient revenus à Taybeh dans la soirée, armés de bâtons et de pierres, et s'en seraient pris à des habitants du village jusqu'à ce que le passage apparemment inopiné d'une jeep chargée de « soldats juifs » les incite à regagner leur base de départ. « Comme les gens ont peur des juifs, explique le croupier, ils sont repartis. » « Par nous-mêmes, insiste-t-il de nouveau, nous ne pouvions rien faire : nous sommes une minorité. »

Je remarque que, pour la première fois dans ce cas précis, le terme de « vagabonds », généralement employé pour désigner les responsables d'incidents de ce genre, fait son apparition dans le récit des témoins : sans doute s'agit-il d'un euphémisme privilégié par les éléments les plus conciliants des deux communautés afin d'éviter toute mise en cause globale de l'une d'elles.

À l'entrée du village, sur le côté droit de la rue principale, un peu plus haut que le père Noël déjà mentionné, un type accroupi devant un mur, très concentré, s'efforçant de reproduire scrupuleusement un modèle sur papier, met la dernière main à une fresque polychrome représentant Mickey en train de serrer la main à Donald. Puis, à coups de brosse, il supprime Donald pour ne conserver que Mickey, dont le bras tendu indique désormais aux automobilistes de passage la direction du supermarché Dream, situé quelques dizaines de mètres en contrebas de la rue principale. La propreté et l'organisation rigoureuse du supermarché Dream contrastent avec la vétusté et le désordre des autres épiceries du village, dont la plus centrale, à deux pas du Las Vagas et juste en face du bureau de poste, est tenue alternativement par une dame d'une cinquantaine d'années et par son fils, que les hasards de l'émigration ont fait naître à la Martinique. Le supermarché Dream a ouvert quelques jours avant Noël. Il offre un choix infiniment plus vaste de produits mieux présentés que ses concurrents : quand on y pénètre, on a l'impression de se trouver en Amérique, et c'est évidemment le but recherché. Ainsi les habitants de Taybeh qui n'ont pas obtenu de visa peuvent-ils pendant quelques instants se sentir transportés dans le pays de leurs rêves. Le propriétaire du Dream est rentré au village en 1997, donc bien avant le déclenchement de la seconde Intifada. « À l'époque, explique son fils, les affaires étaient trois fois meilleures ici qu'aux États-Unis. » Auparavant, et depuis plusieurs années, la famille tenait à Houston, au Texas, une station-service et un « one dollar shop ».

En sortant du Dream, et comme de nouveau il faisait beau, je me suis dirigé vers le cimetière – chrétien – de Taybeh, lequel compte au moins une tombe de martyr, à en juger par le médaillon enchâssé dans la pierre et représentant un jeune homme vêtu d'un uniforme et porteur d'une arme (d'ailleurs le portrait de ce martyr, ou d'un autre en tout point semblable, je l'avais déjà remarqué au mur de l'une des épiceries qui n'est pas le Dream). C'est également du cimetière, ou à proximité immédiate de celui-ci, au pied d'un pin énorme et presque toujours rempli d'oiseaux (de bulbuls en particulier), que l'on découvre le plus beau panorama des environs de Taybeh en direction de l'est et du sud : dans le lointain les monts de Jordanie, et en contrebas, par temps clair, tout un pan, bleu-vert, de la mer Morte. Plus près les collines pierreuses ou couvertes de maquis, les oliveraies, les champs labourés dont la terre présente des tons différents d'ocre ou de brun.

Juste à côté du cimetière se voient les ruines d'une église byzantine transformée par les Francs, qui édifièrent également au sommet de la colline de Taybeh une forteresse dont les pierres ont été cannibalisées pour construire les maisons voisines. Bien qu'il ne reste plus grand-chose de l'église, ou des deux églises successives, le porche est encore debout, et on y remarque un crochet de fer en dessous duquel stagne en toutes saisons une flaque plus ou moins abondante de sang plus ou moins noir, provenant des animaux – généralement des moutons – que l'on sacrifie en ces lieux depuis des temps immémoriaux.

Des quelques personnes visitées en compagnie du père Raed, Mariam était la seule que j'avais vraiment envie de revoir. Dans la matinée du samedi 4, alors que de nouveau il faisait mauvais, le vent soufflant sans cesse, et de longues averses alternant avec de brèves éclaircies, je l'ai trouvée dans son jardin, minuscule et toute courbée, parmi ses poules et ses chiens auxquels elle s'adressait avec douceur, emmitouflée de plusieurs pulls et la tête serrée dans un fichu de laine. Devant sa maison s'étend un champ planté de quelques oliviers, et elle en possède beaucoup d'autres, sur des terrains plus éloignés, qu'elle fait entretenir et récolter par des hommes de Deir Jrir, le village voisin. « Ici, dit-elle, il n'y a plus personne pour le faire, ils sont tous en Amérique ! Bien sûr, ceux de Deir Jrir ne soignent pas les arbres comme on voudrait, ce n'est pas leur bien, mais au moins ils cueillent les olives. » Et c'est également à Deir Jrir que sa récolte est pressée, Taybeh, apparemment, ne disposant plus d'aucun pressoir en activité : ainsi se créent entre le village chrétien, dépeuplé, et son voisin musulman des liens de dépendance économique dont la plupart des habitants du premier ne soufflent mot.

Mariam est née à Taybeh en 1922. En ce temps-là, « il n'y avait pas d'argent dans le village : on vivait des arbres, de la nature, de figues sèches... C'est bien plus tard, quand les juifs sont venus, que les gens ont été travailler chez eux et qu'ils ont gagné de l'argent ».

Son père étant trop vieux et sa mère trop écrasée de travail pour s'occuper d'elle, elle est placée à dix ans dans un orphelinat tenu par des bénédictines à Jérusalem, sur le mont des Oliviers. En 1936, les troubles qui agitent la Palestine la ramènent pour quelques mois à Taybeh, et c'est à cette occasion, à quatorze ans, donc, qu'elle confie à ses parents son intention de devenir religieuse. Son père donne tout de suite son accord et sa mère s'y résout, bien qu'il lui en coûte de ne plus la voir désormais qu'à travers une grille. À vingt ans, elle prononce ses vœux, et jusqu'à la guerre des Six Jours elle restera cloîtrée sur le mont des Oliviers, apparemment heureuse de cette vie contemplative. En 1968, son père étant mort entre-temps, elle obtient de son ordre, sans rompre ses vœux, l'autorisation de revenir à Taybeh pour s'occuper de sa mère et de sa tante, trop âgées l'une et l'autre pour se débrouiller seules. Après leur mort, survenue à quelques mois d'intervalle au début des années soixante-dix, elle se rend à plusieurs reprises à Cleveland, dans l'Ohio, où vivent sa sœur et ses deux frères : « Je n'ai pas aimé leur vie, je n'ai pas pu m'y habituer. Là-bas, on est tout le temps en voiture, on ne marche pas, on ne va pas rendre visite aux voisins. » De retour à Taybeh dans la maison familiale, elle y est rejointe en 1976 par un demi-frère rencontré pour la première fois lors d'une de ses visites à Cleveland, et qui, lui non plus, n'a pu se faire à l'Amérique. Depuis la mort de ce demi-frère, en 1980, Mariam vit seule et ne s'en plaint pas : « J'aime la solitude, je suis comme une ermite. » Quand on lui demande pourquoi elle n'est pas retournée chez les bénédictines, elle répond simplement qu'« ici ou là-bas, c'est pareil. Et puis, si je n'étais pas restée, ajoute-t-elle en désignant le champ planté d'oliviers, tout ça aurait été détruit ou mangé par les bêtes ». Dans sa maison trop grande pour elle, et qui semble n'être jamais chauffée – « Quand il neige de l'autre côté, chez les juifs, on sent le froid jusqu'ici ! » –, Mariam fait de la tapisserie ou regarde la télévision, outre que sans doute elle prie beaucoup. De temps à autre, quand elle se sent de force à gravir la longue côte qui l'en sépare, elle se rend au centre du village, chez l'épicière qui a vécu à la Martinique et qui se trouve être doublement sa cousine, son père étant le fils d'une de ses tantes, et son mari le fils d'un de ses oncles… « Je m'assois dans la boutique. S'il y a des nouvelles, elle me les donne. » Le dimanche, selon sa condition physique, elle se rend à la messe du père Raed, à l'église latine située en haut de la côte, ou elle s'arrête en chemin à l'église melkite, non moins catholique, mais de rite grec. Enfin les enfants de son voisin lui rendent visite régulièrement, et elle prépare à leur intention de petits cadeaux. Au passage, on apprend que ce voisin est maçon, et que c'est lui qui a construit le fameux ermitage de « frère Jacques ». Quant à ce dernier, Mariam croit savoir qu'il était d'origine juive et que, cette rumeur s'étant propagée, il s'est enfui par crainte d'être assassiné. Mariam souligne cependant combien Taybeh est un endroit calme, par comparaison avec le reste de la Palestine : « Vous avez vu les événements ? Les juifs détruisent les maisons, ils jettent les vieillards et les enfants dehors, avec ce froid ! Ici, il n'y a pas de couvre-feu. On ne lance pas de pierres sur eux… »

Bien qu'elle s'emporte volontiers contre la brutalité des Israéliens, et qu'elle estime que « les Arabes ne font que se défendre », elle se demande malgré tout si ces derniers, ayant obtenu gain de cause, ne se révéleraient pas encore « pires que les juifs ». Quand elle parle des « Arabes », elle pense manifestement aux musulmans. « Parmi les jeunes, il y a beaucoup de fanatiques. Avec les vieux, ce n'est pas pareil. » Un jour, l'homme de Deir Jrir qui s'occupe de ses oliviers lui a fait cadeau d'un chapelet que des touristes lui avaient donné. « Je lui ai demandé si on l'avait pris pour un chrétien : il m'a répondu que tous, musulmans ou chrétiens, nous étions des enfants de Dieu. »

Ce qui rend le père Raed sympathique – et même irrésistible, par moments –, c'est l'enthousiasme, servi par une éloquence intarissable et polyglotte, qu'il manifeste à tout bout de champ, par exemple lorsqu'il s'agit de trouver à l'étranger des débouchés pour les stocks d'huile d'olive accumulés par ses paroissiens. Dès que quelqu'un arrive de l'extérieur – ainsi, ce matin, une équipe de journalistes de la RAI –, il se lance dans de véritables panégyriques de cette huile, distribuant lui-même les échantillons et les garnissant de magnifiques étiquettes réalisées par ses soins. Bien qu'il dise la messe avec plus de sobriété, ou de classicisme, que le curé de Ramallah, ses sermons vibrent d'une ferveur au moins égale à celle dont il témoigne à propos de l'huile d'olive. Et bien que, faute de parler l'arabe, je ne puisse comprendre un traître mot de celui qu'il prononce en ce dimanche 5 janvier, dès la fin de la messe il vient me demander si je pense qu'il a été convaincant, m'assurant que si le sujet en était un peu difficile – il s'agit de l'Incarnation –, il a fait tout son possible pour le rendre vivant en l'illustrant par des anecdotes.

Dans l'après-midi, une grande partie du village est de sortie à l'occasion d'une cérémonie de fiançailles. Le père Raed exulte de voir enfin un jeune couple décidé à se marier sur place (encore que rien ne prouve qu'il n'émigrera pas par la suite). Pour souligner l'exemplarité de cette démarche, ou simplement parce que c'est l'usage, la cérémonie est environnée d'un grand lustre. Tout d'abord, un cortège se forme devant le domicile de chacun des fiancés, pour les escorter séparément jusqu'à la salle des fêtes de l'église melkite, retenue – bien que le fiancé soit catholique (latin) et la fiancée orthodoxe – parce qu'elle est la seule assez vaste, dans le village, pour accueillir une foule aussi nombreuse. Comme il fallait s'y attendre, le cortège du fiancé est sensiblement plus fourni que celui de sa promise, et aussi plus exubérant. Des slogans sont repris en chœur, des ritournelles entonnées, parfois le fiancé quitte le sol pour être porté en triomphe. Dans ce cortège masculin, on reconnaît sans surprise DeNiro et le croupier, ce dernier particulièrement élégant dans un costume gris porté sur un polo noir (il y a également dans le cortège un type dont plusieurs personnes m'affirment qu'il s'appelle Napoléon, mais qui ne peut ni confirmer ce point ni s'en expliquer, car il est muet). Avec son habituelle expression de douceur ironique, le croupier me signale que certains des slogans repris en chœur exaltent l'Autorité ou les martyrs, ajoutant que depuis l'époque ottomane, il a toujours été d'usage, en Palestine, dans ce genre de cérémonies, de louer sans retenue les maîtres du moment. Puis la foule pénètre dans la salle des fêtes qui se trouve bientôt pleine à craquer, au point qu'il devient presque impossible de s'y déplacer. À l'exception des vieillards et des malades intransportables, toute la population du village, ou peu s'en faut, doit se trouver là. Les fiancés, quant à eux, sont juchés sur une estrade en compagnie de leurs proches et de quelques dignitaires. Dans le brouhaha général, le croupier parvient à me faire part des derniers développements de cet incident dont il a été le premier à m'entretenir : en fin de compte, les anciens de Deir Jrir, réunis en conclave avec ceux de Taybeh, auraient exprimé des regrets et le litige serait officiellement clos. Mais le plus intéressant, c'est que pour parvenir à ce règlement négocié, il aurait fallu, d'après lui, et conformément à l'usage, solliciter l'arbitrage de Bédouins nomades vivant dans les collines alentour, et que l'étrangeté de leur mode de vie, indépendamment de leur appartenance religieuse, ferait apparaître comme « neutres » aux yeux des deux communautés.

Toute la journée, entre 7 ou 8 heures du matin et la tombée de la nuit, le bas de la rue de Naplouse, à Jérusalem, est encombré d'autocars et de taxis collectifs stationnés des deux côtés, moteur en marche pour certains, attendant d'avoir fait le plein de passagers pour partir à destination des localités palestiniennes situées à la périphérie de la ville et libres d'accès. Dans cet étroit couloir, parfois saturé de gaz d'échappement, les chauffeurs rameutent la clientèle en psalmodiant les noms des localités desservies, au premier rang desquelles Qalandya, point de passage obligé pour ceux des habitants de Ramallah que leur statut autorise à travailler à Jérusalem dans la journée. Ces mouvements de voyageurs font vivre un petit commerce de trottoir, dont les éventaires disparaissent après le départ du dernier bus. Alors, peu à peu, la rue de Naplouse, constellée de détritus, accueillante aux chats errants, comme tant d'autres lieux dans ce pays, sombre dans un silence de plus en plus profond, et d'autant plus lugubre qu'il va de pair avec une quasi-obscurité due à la rareté ou à la défectuosité de l'éclairage public. Dans le bas de la rue, sur le fond sombre du ciel se détache dans une teinte plus claire – aussi longtemps qu'il est monumentalement illuminé, et même par la suite – le rempart de la vieille ville, que perce en contrebas la porte de Damas. Parfois une arroseuse municipale remonte la rue très lentement, ses larges brosses raclant le sol et le bord du trottoir. Puis, dès les dernières heures de la soirée, des gens commencent à se masser derrière les barrières de sécurité qui canalisent le public vers l'annexe du ministère de l'Intérieur située en haut de la rue, à l'opposé de la porte de Damas. Apparemment, il s'agit du seul endroit où les Palestiniens de Jérusalem puissent faire établir ou renouveler des documents officiels israéliens, ne serait-ce par exemple que leur carte d'identité, ou le laissez-passer indispensable pour se rendre à l'aéroport Ben Gourion. Pour avoir une chance d'accéder à ce bureau pendant ses heures d'ouverture, il faut s'y présenter avant le lever du jour. Cette contrainte donne lieu à différents trafics, dont le plus courant consiste à occuper dès la veille au soir des places dans la queue, pour les revendre à prix d'or le lendemain. Une petite caste de types jeunes et costauds, accompagnés parfois de molosses – et soupçonnés par certains de se recruter surtout parmi les indicateurs de police –, s'est spécialisée dans cette activité, et ce sont eux qui passent la nuit derrière les barrières de sécurité, vociférant et se chamaillant, détruisant à grand bruit de vieilles caisses en bois pour faire du feu, allant de temps à autre pisser juste en face contre le mur du couvent Saint-Étienne. Tôt le matin, en revanche, lorsque autocars et taxis collectifs, de nouveau, commencent à y déverser leurs passagers, le bas de la rue de Naplouse est assez accueillant et plutôt gai. On y trouve l'un des rares kiosques à journaux, dans la ville arabe, à proposer quelques titres de la presse internationale, que l'on peut aller lire aussitôt dans le grand café, Les Saisons, à l'angle de la rue qui longe les remparts. Le seul inconvénient notable de ce café, au moins de mon point de vue, c'est que dans les premières heures de la matinée, avant l'arrivée des touristes, sa sono diffuse exclusivement des enregistrements de versets du Coran ou d'autres pieux rabâchages. Dans la soirée, Les Saisons reste ouvert un peu plus tard que le départ du dernier bus.

C'est ici le lieu présumé du reniement de saint Pierre. De la terrasse, on voit le mont des Oliviers, la route de Jéricho, le ravin de la Géhenne au niveau de son confluent avec la vallée du Cédron, le quartier arabe et réputé islamiste de Silwan, défié par les drapeaux israéliens qui flottent au-dessus de quelques immeubles occupés par des colons juifs. Au nord, la porte de Sion, encore toute criblée d'impacts laissés par les combats de 1948, s'ouvre dans le rempart de la vieille ville. Celui-ci court tout le long du quartier juif avant de soutenir et de délimiter, du côté du sud et de l'est, l'esplanade des mosquées, au-dessus de laquelle étincelle le dôme du Rocher. Près de l'angle que forme le mur en contrebas de cette esplanade, au niveau des écuries de Salomon, il présente une curieuse hernie, étayée par un échafaudage et apparemment consécutive à des travaux souterrains de construction d'une salle de prière. Quoi qu'il en soit, cette hernie fait l'objet d'une nouvelle controverse entre musulmans et juifs. En somme, peu de panoramas, même à Jérusalem, offrent un tel aperçu de la discorde introduite dans le monde par le monothéisme, quels que soient d'ailleurs ses mérites.

L'architecte est né à Jérusalem, dans la vieille ville, il y a passé son enfance dans une maison donnant sur la via Dolorosa, à hauteur de la troisième station du chemin de Croix. Il se souvient des heures passées dans la cave pendant les combats de 1967. Il a fait des études à l'étranger, il est revenu, il a séjourné quelques mois au Texas et ne s'y est pas plu, il s'est marié avec une fille de Bethléem, il a travaillé pour une entreprise de Ramallah puis il a tenté de se mettre à son compte, son agence a périclité, il a retrouvé du travail, il a déménagé de Ramallah à Beit Hanina, dans la banlieue de Jérusalem. Il a eu trois enfants dont l'âge s'échelonne entre cinq et onze ans. Deux de ses frères vivent aux États-Unis, un troisième s'apprête à prendre le même chemin. Lui-même hésite. Désireux de « donner une dernière chance à la paix », même s'il n'y croit pas, il prévoit de s'accorder encore deux ans de réflexion avant de s'expatrier. En tergiversant, toutefois, il craint de compromettre l'avenir de ses enfants. Il estime que la radicalisation des deux principaux protagonistes du conflit, juifs et musulmans, rend la situation de plus en plus intenable pour les chrétiens : « Israël a privé les Palestiniens de leurs droits politiques et de leur liberté de mouvement ; désormais, l'islam prive les chrétiens de leur liberté de vivre comme ils l'entendent. » Plus le style de vie des musulmans s'aligne sur les prescriptions des islamistes, plus celui des chrétiens est montré du doigt. Plus ils se marginalisent. En face de chez l'architecte, à Beit Hanina, s'étend un terrain vague sur lequel d'autres habitants du quartier amoncellent des gravats. Au fur et à mesure, le terrain vague prend des allures de décharge. Alertée, la municipalité n'a pas réagi. Si l'architecte s'adresse à la police, il sera considéré comme un traître. Il a bien tenté de discuter avec un des épandeurs de gravats, mais celui-ci l'a éconduit et menacé. « Aujourd'hui, si vous avez un problème quelconque avec un musulman, et s'il découvre que vous êtes chrétien, il sait que vous n'avez personne derrière vous et que vous devrez finalement en passer par ses conditions. »

Dans le *Jerusalem Times* daté du 10 janvier, je venais de lire la chronique hebdomadaire du père Raed, dans laquelle, après avoir cité Chirac (à propos de quoi, je ne sais plus, mais sans doute s'agissait-il du désarmement de l'Irak), il comparait Sharon successivement à Pharaon et à Néron, puis concluait ainsi : « Le sang des martyrs est la semence de la liberté. »

Je logeais alors et de nouveau chez les franciscaines de Marie, mais à Jérusalem, cette fois, dans le bas de la rue de Naplouse. Un nouvel attentat avait eu lieu à Tel-Aviv quelques jours auparavant. En retour, les Israéliens avaient décidé d'interdire à tous les Palestiniens âgés de moins de trente-cinq ans de sortir des territoires ou même de s'y déplacer d'une ville à l'autre. Dans le courant de la matinée, en ce samedi 11 janvier, l'idée m'étant venue de retourner à Ramallah afin de voir à quoi pouvait ressembler l'Eldorado, en plein jour et dans des circonstances normales, j'ai pris place à bord d'un taxi collectif à destination de Qalandya. Pendant tout le trajet, le chauffeur a imposé à ses passagers, peut-être consentants, après tout, ou simplement désireux de ne pas le contrarier, un de ces enregistrements de versets du Coran, débités d'une voix monocorde, que je subissais désormais aussi régulièrement, mais plus longuement, et plus douloureusement, je dois le dire, que le tube international de Las Ketchup datant de l'été dernier et devenu un succès en Palestine. Généralement, ce n'était pas dans les mêmes lieux que l'on entendait l'un et l'autre. À Qalandya, le taxi collectif a déposé ses clients en amont du barrage permanent établi à cette hauteur par l'armée israélienne, et au-delà duquel, pour peu qu'il soit ouvert et que vous soyez autorisé à le franchir, d'autres taxis collectifs vous attendent pour vous acheminer à Ramallah.

Je suis arrivé à l'Eldorado alors qu'il venait d'ouvrir : après un instant d'hésitation, le garçon héroïque, celui qui était originaire de Jénine et frère de martyr, m'a introduit dans la salle que le personnel était en train de nettoyer et de remettre en ordre. Tout en travaillant, chacun jetait de temps à autre un regard oblique vers le téléviseur, branché sur une chaîne peut-être libanaise, en tout cas assez leste, qui diffusait des clips, tant de tubes internationaux que de succès régionaux. On ne faisait guère attention à moi. De mon côté, je ne voulais pas déranger. L'un des employés, très jeune, tenait de grands discours, accompagnés de beaucoup de gestes brusques, et le garçon de Jénine me fit observer qu'il venait d'un camp de réfugiés, suggérant un lien possible entre cette origine et sa nervosité. Puis survint un type plus âgé et incroyablement placide, pour le coup, avec des yeux clairs et une grosse moustache, dont l'idée me vint aussitôt qu'il aurait fait merveille dans une adaptation proche-orientale du *Brave soldat Chveik*. Le garçon de Jénine me dit que le moustachu aux yeux clairs était employé à la Mouqata'a, et qu'il venait ici de temps à autre pour arrondir sa paie en faisant des travaux de nettoyage. Puis, le type s'étant emparé entre-temps d'un balai et d'une serpillière, il ajouta qu'il s'agissait d'un vétéran de l'OLP qui avait fait Beyrouth et bien d'autres villégiatures, avant de revenir au pays, que peut-être il n'avait jamais vu auparavant, après la signature des accords d'Oslo et le rétablissement d'une paix fragile. Il venait alors d'Irak, où il avait servi dans l'arme blindée. Pendant qu'on parlait de lui, le type nous regardait d'un air bonasse, si bien qu'après quelques détours de politesse je m'enhardis à lui demander s'il avait pris part à la guerre du Golfe, question qu'il repoussa sans se départir de sa placidité, répondant simplement, avec le sourire, qu'il « ne pouvait pas parler de ça », et retournant aussitôt à son balai et à sa serpillière. Le garçon de Jénine m'offrit un café. Sans plus poser de questions, tandis que chacun vaquait à ses occupations, je restai quelque temps à regarder les clips, et c'est ainsi que je découvris enfin à quoi ressemblait ce trio de filles espagnoles, Las Ketchup, dont le tube de l'été me vrillait les oreilles depuis plusieurs semaines : elles étaient décevantes.

En sortant de l'Eldorado je me dirigeai vers le périmètre dans lequel sont regroupés l'église latine, le presbytère du père Ibrahim et l'école. C'était l'heure de la récréation et des enfants piaillaient en grand nombre dans la cour. Le père Ibrahim était absent mais je rencontrai sa gouvernante, clope au bec, qui me fit entrer dans une pièce où deux religieuses et un volontaire laïque étaient occupés à recoller de vieilles reliures. Natif de Jérusalem et âgé d'une soixantaine d'années, le volontaire laïque avait passé son enfance en Palestine puis s'était retrouvé dès l'âge de treize ans aux États-Unis, d'où il était revenu tout d'abord par petites touches, animé de ce mouvement pendulaire, entre l'est et l'ouest, si caractéristique des chrétiens palestiniens, avant de s'installer définitivement, semble-t-il, à Ramallah. Pourquoi était-il revenu, alors que presque toute sa famille vivait en Californie, au point que le banquet qu'elle organisait chaque année à San Francisco avait rassemblé en 2002 près de 400 convives ? Sans doute par fidélité, vis-à-vis de son pays ou vis-à-vis de l'une de ses grands-mères, retrouvée en 1974 lors de son premier séjour d'homme adulte et de citoyen américain en Palestine. À cette occasion, sa famille possédant des oliveraies, il s'était également pris de passion pour la fabrication de l'huile d'olive, un peu comme le père Raed mais avec un intérêt plus direct. Il avait importé des machines, développé des techniques nouvelles et amélioré peu à peu la qualité de son huile, puis tout revendu en 1994. Célibataire et sans enfants, il vivait désormais de ses investissements en Amérique. Une certaine mélancolie se lisait sur ses traits, qui était peut-être imputable à la monotonie des gestes entraînés par le recollage des reliures, ou à la vindicte qu'il sentait monter contre les chrétiens de la région, au fur et à mesure que se précisaient les menaces de guerre en Irak, et à laquelle sa double nationalité l'exposait sans doute plus que d'autres.

Gaza est un si gros morceau qu'il peut paraître inconvenant de s'y attaquer avec la description d'un petit os. Mais mon entreprise n'est-elle pas dans son ensemble inconvenante et hors d'échelle ? Le petit os, de la taille à peu près d'une cuisse de poulet, aurait appartenu jadis à saint Porphyre, un ermite grec qui dans les premières années du ve siècle, avec le concours de Byzance, imposa non sans mal le christianisme à cette ville résolument idolâtre. C'est à lui qu'est dédiée l'église orthodoxe abritant cette relique et située dans le quartier de Zeitun, au centre du vieux Gaza ou du peu qu'il en reste, non loin d'une église catholique sensiblement plus grande, mais beaucoup plus récente et moins belle. En dépit de plusieurs tentatives, sur le détail desquelles je reviendrai, il ne m'a pas été possible de m'entretenir avec le prêtre orthodoxe, un homme jeune qui de loin m'a paru ressembler à un toréador, et dont plusieurs personnes m'ont assuré qu'il avait fait de la prison pour ses activités de résistance. Quant au curé latin, le semi-légendaire père Manawel, dont le désir de me rencontrer était à peine plus affirmé, s'il n'a pas, à ma connaissance, fait de prison, les autorités israéliennes l'auraient tout de même empêché récemment de quitter Gaza pour se rendre aux funérailles de sa mère. Invariablement coiffé d'un béret basque, le père Manawel manifeste en toutes circonstances un patriotisme inflexible et un soutien sans faille à la politique de l'Autorité, au point qu'on peut se demander de quel recours il disposerait si celle-ci en venait à se diviser contre elle-même. Pendant le siège de la Nativité, il a menacé publiquement de se faire orthodoxe pour exprimer son dégoût de l'attitude, trop peu militante à son gré, adoptée par l'Église latine. En règle générale, le caractère ultra-minoritaire des chrétiens de Gaza – de 2 000 à 3 000, orthodoxes pour la plupart – les rend particulièrement stricts, au moins vis-à-vis de l'étranger, dans l'application des consignes de sécurité. Ainsi peu d'entre eux se plaindront-ils ouvertement de l'influence croissante du Hamas, sensible jusque dans les détails de la vie quotidienne, et par exemple de la mise à sac des boutiques vendant du vin ou de l'alcool survenue en octobre 2000, quelques semaines après le début de la seconde Intifada. L'une de ces boutiques – celle qui appartenait à un certain Abou Christo – était située non loin du centre culturel français, dans la rue El Shuhada, où se voit encore sa carcasse, inemployée comme si le lieu lui-même avait été frappé d'anathème. Je l'ai découverte en rendant visite à un chrétien orthodoxe, responsable d'une institution dont le siège se trouve juste en face. Malgré cela, il m'a fallu beaucoup d'obstination pour l'amener à évoquer cet autodafé. Très sobrement, d'ailleurs : avec gentillesse, et dans le seul dessein de me faire plaisir, il feuillette longuement ses agendas des années passées pour en retrouver la date exacte – le 13 octobre 2000 –, précisant que s'il en a conservé la trace, c'est surtout parce que les circonstances l'avaient amené à reporter une réunion prévue ce jour-là. Il souligne aussitôt que cette boutique, et d'autres qui ont subi le même sort, n'ont été mises à sac que parce qu'« elles vendaient aussi de l'alcool à des musulmans », comme s'il était raisonnable d'exiger d'un épicier qu'il ne serve ses clients que sur présentation d'un certificat de baptême. Puis, sans souci de se contredire, il ajoute qu'il faut être prêt à faire des sacrifices pour son pays, et que chacun doit respecter les habitudes et le mode de vie des autres.

Le « cours de conversation », qui se tient sous les auspices du centre culturel français, réunit ce soir-là cinq personnes : trois hommes – un professeur de français, un informaticien et un ingénieur des eaux – et deux femmes : une étudiante et une pharmacienne. La pharmacienne et l'ingénieur des eaux sont employés dans l'Administration. Tous se disent musulmans. Bien que la pharmacienne porte un foulard et que l'étudiante soit tête nue, c'est cette dernière la plus choquée par l'intérêt particulier que je porte aux chrétiens. Plus précisément, si tous les participants à cette réunion sont d'accord pour récuser patriotiquement toute distinction entre Palestiniens, au nom de la souffrance que l'occupation israélienne leur inflige indistinctement, l'étudiante est la seule à exprimer d'autre part une certaine acrimonie à l'égard des chrétiens, qu'elle accuse d'être riches et arrogants, inféodés à l'Occident et aux États-Unis en particulier. L'ingénieur des eaux prend leur défense en soulignant que, dans son administration, on trouve des chrétiens à tous les niveaux de la hiérarchie. La pharmacienne reprend la même argumentation, mais avec un surcroît de ferveur et de générosité qui se manifeste également dans ses efforts pour atténuer la responsabilité de l'étudiante, expliquant qu'elle est originaire d'un milieu privilégié, qu'elle a fait ses études dans un établissement de luxe où peut-être les étudiantes chrétiennes avaient tendance à faire bande à part, etc. Quand je raconte comment j'ai passé le mois de décembre à Bethléem, l'étudiante revient d'ailleurs sur ses propos, précisant qu'ils ne concernaient que les chrétiens de Gaza, non ceux de Cisjordanie, et surtout pas ceux de Bethléem. Malgré cela, visiblement en proie à un malaise que trahit le décalage entre ses rigoureux principes islamiques et sa tenue plutôt décontractée, l'étudiante s'égare irrésistiblement, en dépit des efforts de tous ses interlocuteurs pour l'en éloigner, dans un dédale de considérations oiseuses sur les tares du christianisme, à commencer par cette histoire, assez perturbante il est vrai, d'un Dieu unique en trois personnes, né d'une vierge et mort sur la croix.

Dans ma chambre de l'hôtel Adam, sur le front de mer, je disposais d'un lit d'une taille prodigieuse. La tête de ce lit était encastrée dans une sorte de bow-window vertigineux – la chambre se trouvait au dernier étage –, garni de panneaux vitrés assez poreux pour que les conditions climatiques qui prévalaient au-dehors se retrouvent à l'intérieur presque inchangées. Lorsque le vent, dans la soirée, vint à souffler en tempête, la chambre se mit de son côté à mugir et à trembler. Pour je ne sais quelle raison, ma vision de la Palestine avait écarté jusque-là toute idée d'une tempête en mer. Au crépuscule, d'énormes vagues bleu sombre explosaient au pied de l'hôtel sur la jetée du port, à l'intérieur duquel étaient mouillées plusieurs dizaines de ces petites embarcations qui habituellement pêchent de nuit, au lamparo, dans les étroites limites concédées par les autorités israéliennes quand elles ne leur interdisent pas toute sortie. Apparemment, l'hôtel était désert, à l'exception du rez-de-chaussée où quatre ou cinq membres du personnel – probablement affiliés à un service de sécurité, mais néanmoins cordiaux – traînaient toute la soirée en regardant la télévision, et du sous-sol où se déroulait une fête de mariage dont le vent m'empêchait de percevoir les échos.

Dans un article du *Monde* daté du 12 mai 2002, et relatif au transfert à Gaza de vingt-six des Palestiniens auparavant assiégés dans l'église de la Nativité, il est question de l'un d'entre eux, un chrétien, prénommé Raed comme le curé de Taybeh et qui a passé dans un hôtel du front de mer « sa première nuit de liberté ». « Raed Chatara, peut-on lire dans l'article, grille cigarette sur cigarette en regardant la mer. » C'était exactement ce que j'étais en train de faire – même si la mer, au mois de mai, devait présenter un tout autre aspect, et si lui-même devait se trouver alors dans des dispositions très éloignées des miennes –, et j'aurais bien aimé, à ce moment-là, pouvoir m'entretenir avec ce Raed, ou à défaut savoir dans quel hôtel il avait été hébergé, et dans quelle chambre de cet hôtel, imaginant inévitablement que ce pouvait être la mienne. Mais vraisemblablement était-il logé à l'hôtel Palestine, plus ancien et moins élevé, plus familier aussi aux combattants de l'OLP, dont je pouvais apercevoir le toit si je me penchais du côté droit du bow-window. De l'autre côté, la vue s'étendait au loin, vers le sud, sur le rivage plat et souillé, battu comme je l'ai dit par la tempête, et en retrait de celui-ci sur les décombres, couvrant plusieurs hectares, de bâtiments administratifs pulvérisés par des bombardements. À ce sujet, je notais que les conditions atmosphériques n'avaient pas découragé les pilotes israéliens de procéder à ces vols d'entraînement ou d'intimidation qu'ils mènent continuellement au-dessus de Gaza. Le lendemain, je suis parti de bonne heure pour ma première expédition à la recherche du curé de Saint-Porphyre.

Pour commencer, après avoir suivi la mer jusqu'au débouché de l'avenue Omar el Mokhtar, j'ai remonté celle-ci, sur plusieurs kilomètres, jusqu'au vieux quartier de Zeitun où elle prend sa source, observant en chemin des chèvres sans berger (comme les Américains), voire des moutons ou des ânes dans le même état, qui se dressaient sur la pointe des pieds pour brouter tout ce qui dépassait des clôtures, ailleurs des soldats ou des policiers revêtus d'une grande variété d'uniformes et peut-être également déboussolés, sur la gauche, à mi-parcours, le bâtiment désaffecté du cinéma El Naser, et plus loin, sur la droite, le grand marché, environné de boue – il avait plu, et il menaçait de pleuvoir encore –, de taxis jaunes et de carrioles attelées. Arrivé au point où la rue se resserre entre deux rangs d'immeubles pour la plupart vétustes, avec au rez-de-chaussée des boutiques, et même ici et là une ébauche de souk, je suis entré chez un orfèvre pour demander mon chemin. Personne ne parlant anglais beaucoup mieux que moi l'arabe, un type aimable m'a guidé à travers de petites rues jusqu'à ce qu'il estimait être l'église orthodoxe et qui s'est avéré être l'église latine, celle du père Manawel. Comme à Ramallah, bien que sur une moindre échelle, le même enclos réunit l'église, le presbytère et une école. Sur les murs de la cour je remarquai deux fresques monumentales, l'une à l'effigie de Yasser Arafat, celui-ci faisant comme à l'accoutumée le « V » de la victoire, et l'autre représentant le Christ sous des traits plutôt mièvres et saint-sulpiciens, si ce n'est qu'il brandit un drapeau aux couleurs de la Palestine. Le père Manawel était absent, retenu par les fonctions directoriales qu'il assure désormais dans une nouvelle école, mais je trouvai sans difficulté un professeur disposé à m'accompagner non loin de là jusqu'à l'église Saint-Porphyre.

Dans la salle paroissiale des orthodoxes, meublée d'une longue table garnie de boîtes de kleenex, décorée de tableaux du Christ et de saint Georges, de portraits de Yasser Arafat, du patriarche et de l'archevêque, je patiente en compagnie d'une jeune femme – qui auparavant m'a fait visiter l'église et découvrir le petit os – et d'un homme plus âgé dont elle doit être la secrétaire. L'homme âgé est le responsable du Conseil arabo-orthodoxe. À défaut d'une langue commune, nous avons du mal à nous entretenir. La jeune femme parle un peu l'anglais. « Qu'est-ce que votre livre, me demande l'homme âgé, fera comme bien au peuple palestinien ? Est-ce que vous demanderez aux juifs de France pourquoi ceux d'ici oppriment les Palestiniens ? » Évidemment, ces deux questions me mettent dans l'embarras. « Les juifs ont crucifié le Christ, enchaîne l'homme âgé, ils sont partout dans le monde, ils ont beaucoup d'argent et d'influence. Ils veulent toute la terre qui s'étend entre le Nil et l'Euphrate... Peut-être que, dans dix ans, le monde comprendra. »

Il ajoute qu'il a travaillé plusieurs années en Israël, comme mécanicien, et qu'alors beaucoup de ses amis étaient juifs. Dans la mesure où j'ai débarqué à l'improviste, sans prendre au préalable rendez-vous, l'homme âgé et sa secrétaire, bien qu'ils soient l'un et l'autre très prévenants, semblent hésiter sur ce qu'il convient de me dire ou de faire de moi. La jeune femme est originaire de Gaza, elle a fait ses études à Beit Jala, sa sœur vit à Bethléem, d'où elle vient d'appeler pour dire que le couvre-feu était toujours en vigueur, et que, pour avoir tenté de l'enfreindre en utilisant sa voiture, elle s'est fait confisquer son permis de conduire. Le temps passant, et le prêtre ne se manifestant toujours pas, mes deux interlocuteurs m'invitent à revenir en fin d'après-midi, à l'heure où doit se tenir une réunion du Conseil, ou de quelque autre instance de la communauté. Ainsi me suis-je appuyé de nouveau, dans la soirée, les quelques kilomètres de l'avenue Omar el Mokhtar. Un orage menaçait, de gros nuages sombres, venus de la mer, s'amoncelaient au-dessus de la ville. À mon arrivée dans la salle paroissiale, je l'ai trouvée pleine de monde, et dans cette assistance j'ai reconnu le jeune prêtre aux allures de toréador, coiffé d'un petit chignon, qui m'a salué brièvement, de loin, et m'a fait dire de repasser le lendemain matin. Ce que je fis, après avoir cette fois essuyé une averse en chemin, et pour trouver de nouveau la salle vide, comme lors de ma première visite, à l'exception de l'homme âgé et de sa secrétaire. En attendant le prêtre, auquel je croyais de moins en moins, à vrai dire, j'ai regardé cette fois dans le détail les photographies de rassemblements et de parades qui ornaient les murs de la salle, et sur plusieurs d'entre elles j'ai reconnu l'épouse de Yasser Arafat, souriante et blonde, posant au milieu des scouts ou en compagnie de l'archevêque. Au bout d'une heure, peut-être, l'homme du Conseil, après s'être entretenu par téléphone avec le prêtre, m'a fait comprendre que celui-ci ne reviendrait au plus tôt que dans l'après-midi, et comme une opportunité de rentrer le jour même à Jérusalem, en voiture, s'était présentée entre-temps, j'ai décidé de la saisir.

La veille de mon départ de Gaza, le directeur du centre culturel m'avait emmené dîner chez des gens de la meilleure société, celle qui se soucie d'autant moins des restrictions imposées par les islamistes que son statut lui donne tous les moyens de s'y soustraire. Le repas était d'ailleurs arrosé de quelques bonnes bouteilles. Comme il se doit, j'étais animé d'un vif désir de paraître, et d'autant plus que la maîtresse de maison était extrêmement gracieuse. Lorsque nous étions arrivés, elle était en train de lire le dernier livre de Mauvignier. Plus tard dans la soirée, à une question que l'on me fit au sujet de mon travail, et de cette prédilection pour les chrétiens qui déjà me faisait apparaître comme un peu louche, je répondis par le récit d'un incident auquel j'avais été mêlé, en Turquie, aussitôt après la fin de la guerre du Golfe. Cela se passait dans le sud-est du pays, aux confins de l'Irak et de la Syrie. Je voyageais avec un photographe. Ayant appris de source sûre que plusieurs chrétiens s'étaient récemment fait assassiner par les hommes de main d'un petit hobereau kurde, dans un village proche de Midyat – cet incident n'étant d'ailleurs que le dernier d'une longue série, laquelle s'inscrivait dans une tradition de massacres et d'exodes subis par les chrétiens de la région au moins depuis le milieu du XIXe siècle –, j'entrepris de me renseigner, dans cette ville, sur la position exacte du village et les moyens de m'y rendre en voiture. À cette époque, la plupart des orfèvres, à Midyat, étaient encore chrétiens, et c'est donc chez l'un d'eux que je me suis présenté pour tenter d'obtenir ce renseignement. Rien que de s'entendre aborder comme chrétien, par un étranger de surcroît, et à propos d'un incident ayant entraîné la mort de plusieurs de ses coreligionnaires, le type était terrorisé au point d'avoir du mal à me regarder, mais il me donna quand même le tuyau que je lui avais demandé. En sortant de chez lui, avec le photographe, nous avons commis l'erreur, au lieu d'exploiter aussitôt le renseignement, de prendre le temps de déjeuner. Puis nous nous sommes engagés sur la route que l'orfèvre nous avait indiquée, une route très passante, sillonnée dans les deux sens par un grand nombre d'automobiles et de camions. À quelques kilomètres de la ville, surgissant d'un véhicule en stationnement sur le bas-côté de la route, une bande de policiers en civil se déploya en travers de celle-ci et nous contraignit à stopper. Ils avaient le genre de ce que dans les pays voisins on appelle des moukhabarat : lunettes noires, anoraks et courtes mitraillettes portées avec une ostentatoire discrétion. Ils n'étaient pas commodes. En peu de mots, ils nous intimèrent l'ordre de rebrousser chemin sous prétexte que la route était coupée un peu plus loin par une embuscade du PKK[1], ce que démentaient sans conteste l'abondance et la régularité du trafic, que pas un instant ils ne firent mine d'interrompre ou de détourner. Auparavant, je le précise, nous n'avions jamais été empêchés de circuler, ni même de franchir en toute liberté, à l'aller comme au retour, la frontière entre la Turquie et l'Irak.

1. Parti des travailleurs du Kurdistan.

Notre intérêt pour les meurtres de chrétiens était donc l'unique raison de cette soudaine obstruction. Comme cet incident survenait dans une région où les forces de sécurité turques témoignaient en général de peu d'indulgence pour les Kurdes, il en ressortait qu'elles faisaient une exception lorsqu'ils s'en prenaient à des chrétiens, et qu'ainsi, pour ce qui concernait l'éradication de ces derniers, dont la présence pouvait d'ores et déjà être considérée comme résiduelle, les pires ennemis du monde étaient susceptibles de s'épauler mutuellement : les uns assassinant, les autres prévenant tout ébruitement de ces assassinats.

Ce récit, que je m'étais efforcé cependant de rendre distrayant, et même assez gai, fut accueilli par mes hôtes avec froideur. Rien de très marqué, certes, car il s'agissait, je l'ai dit, de gens bien élevés. C'était un peu comme si un rot, ou plutôt toute une série de rots, venait de m'échapper. De son côté, le directeur du centre culturel, après avoir feuilleté Mauvignier, s'était assoupi sur le canapé du salon, ou feignait de s'être assoupi, ce qui lui permettait de réserver son jugement ou de n'en avoir aucun. Il ne sortit de sa torpeur que pour me raccompagner, très courtoisement, jusqu'à l'hôtel

Adam, où je passai une partie de la nuit à me demander si je n'avais pas fait fausse route depuis le début : si je ne m'étais pas mêlé indûment de quelque chose qui, au fond, ne me regardait pas. À l'extérieur, la mer brisait de nouveau avec fracas sur la jetée du port, offrant de la Palestine cette image à laquelle je n'étais pas préparé.

Deux mois de résidence à la villa Mont Noir,
à l'automne 2002, ont permis à l'auteur de préparer
son voyage en Palestine.

Achevé d'imprimer en septembre 2003
dans les ateliers de Normandie Roto Impression s.a.s
à Lonrai (Orne)
N° d'éditeur : 1825
N° d'imprimeur : 032207
Dépôt légal : octobre 2003

Imprimé en France